AF449735

CALLEJEANDO POR ANTEQUERA

ExLibric

JOSÉ LUIS SÁNCHEZ-GARRIDO Y REYES

CALLEJEANDO POR ANTEQUERA

EXLIBRIC

ANTEQUERA 2019

JOSÉ LUIS SÁNCHEZ-GARRIDO Y REYES

CALLEJEANDO POR ANTEQUERA

Dedicatoria

A don Salvador Casaus Hazañas, presidente del Club de Leones de Antequera, incansable trabajador y altruista en beneficio de la sociedad.

Agradecimientos

Al catedrático don Juan Benítez, por su incuestionable apoyo y su labor revisando la obra.

Índice

I. PRÓLOGO

Un martes, al finalizar la reunión ordinaria del Club de Leones, tomando una copa, José Luis me comentaba su afición por la escritura, algo que yo sabía, ya que hace unos años en el Hotel Las Villas presenté uno de sus libros.

Me preguntó si no me importaba leer su último libro y darle mi opinión, cosa que acepté con gusto, aun sabiendo por mi parte que quizás no fuese el más idóneo para ello.

Después de 57 años y tras su jubilación tardía, vuelve a residir (al parecer, de forma definitiva) en la Antequera de sus amores y en la casa de su niñez y pubertad.

La lectura del libro me entusiasmó. Prueba de ello es que lo hice de un tirón, sin tregua alguna.

Aprovecha el tiempo que la jubilación permite para recorrer Antequera y recordar a familiares, amigos, lugares, costumbres, comercios, personajes, etc.

Me identifico con cuanto plasma en su libro, pues no en vano somos de una misma época, yo dos años mayor que él. Ambos estudiamos bachiller en el Pedro Espinosa; fuimos hermanos de trono del Cristo Verde; amigos de Federico Anglada, de Pedro Molina y de Manuel Jesús Campos; simpatizamos con Blanca Cerezo, con la que hicimos un inolvidable crucero por el Rin, y elegimos hacer una carrera técnica: él agrícola, yo industrial.

En los 35 capítulos que tiene el libro no desaprovecha ocasión para referirse a Trini, la mujer con la que ha compartido toda su vida. Y, aunque se muestra muy familiar, no puede ocultar su predilección por Mely, la mayor de sus hermanos.

Tiene recuerdos para sus vecinos de calle Merecillas: los Artacho, los Fox, los Lateros y otros.

Nos cuenta su reciente visión de la Semana Santa de Antequera, así como de sus iglesias, y recuerda su época de hermano mayor del Niño Perdido, de la Cofradía de Abajo, y sus dificultades para pagar los convites de los hermanos.

Recuerda con nostalgia las fábricas de mantas y curtidos, así como comercios: La Adriana, Berrocal, La Castellana, Daniel Bermúdez, Bazar Mejías, Los Madrileños, La Costa Azul, El Cañón, Pura Valle, los futbolines y piscina de Jerónimo, entre otros.

Cita algo que me vincula directamente: el Club de Leones, del que soy actual presidente; la Real Academia de Nobles Artes, de la que soy académico; el Museo de la Diputación, del que fui responsable durante varios años.

Hace referencia a personajes de la época de niño como Juanillo el de la arena, el cura don Miguel, párroco de San Isidro en nuestra juventud; a antequeranos ilustres como Juan Alcaide, Cristóbal Toral y don Fermín Requena, magnífico escritor, padre de su cuñado Gabriel.

Su libro denota su sentido del humor cuando, por ejemplo, dice considerarse «muy guapo cuando no se mira al espejo» o cuando afirma que están equivocados aquellos a los que no les gusta su obra.

Se pone serio al comentar la fecundación *in vitro* y la creación de empleo y las trabas al respecto de la Administración.

Manifiesta su preferencia de lectura de autores antequeranos; por ello, me permito sugerirle, si aún no lo ha hecho, leer *Las cosas del campo*, de José Antonio Muñoz Rojas, del que Dámaso Alonso dijo: «Es el libro de prosa más bello y más emocionado que yo he leído desde que soy hombre».

Finaliza su libro proponiendo ochenta ideas para engrandecer y mejorar Antequera (ideas que comparto) y mencionando algunos desmanes urbanísticos.

Aunque pondera a los alcaldes de la democracia y en concreto al actual, opino que él hubiera sido un excelente mandatario, pues ideas y amor por Antequera no le faltan. Le propongo que las ideas que plasma en el libro se las haga llegar a los munícipes locales actuales, aun a sabiendas del elevado coste que entrañaría toda su realización.

Finalizo reiterando mi felicitación, agradeciéndote tu confianza en mí y con un pensamiento de William Holding: «La vida de un hombre es como montar en bicicleta: si se para, se cae». Sigue tú haciendo tus seis kilómetros diarios por Antequera, recordando y proponiendo cosas.

Salvador Casaus Hazañas

2. EMPEZANDO

Marché de Antequera el 5 de agosto de 1961, a los diecisiete años, y en la Navidad de 2018, 57 años después, hemos vuelto a nuestros orígenes. Han pasado deprisa y muy lentos, rápidos y pesados. Algunos tristes y otros alegres, siempre sobrecogidos por el trabajo y el estrés, por la tensión y la preocupación, natural o provocada. Hemos vuelto Trini y yo a donde siempre hemos deseado volver. Hemos vuelto a Antequera, a la casa de mis padres. Ellos no están, pero al vivir en la misma casa, en los mismos espacios, de alguna manera están con nosotros y, mentalmente, me aconsejan y hablo con ellos.

Aquí Trini y yo, ella siempre conmigo y yo con ella. Como los antiguos. El año pasado cumplimos cincuenta años de casados.

No queremos nada, no pretendemos nada. Nada de nada. Bueno, sí. Queremos salud para nuestra familia, para nosotros y para los amigos, para todos. Y vivir. Vivir, respirar, palpitar, ver y, si fuese posible, oír. Queremos paz, nada más, que nos dejen tranquilos; ya que, en definitiva, hemos cumplido con nuestra aportación a la vida, bajo nuestro punto de vista. Y nos queda ahora solo descansar lo que el tiempo nos deje, que no será demasiado. Sencillamente eso. Nada más y nada menos.

Durante este tiempo pasado trabajamos, luchamos, nos esforzamos, reímos, lloramos y muchos acontecimientos hubo, muy variados. Nos pusimos metas y las alcanzamos, unas sí y otras no. Muchas más sí que no. Hicimos lo que pudimos, procurando no molestar en lo posible; a pesar de ello, seguro que más de una vez molestamos y también muchas nos molestaron. Y avanzar avanzamos. Bueno, no diré como todos los demás, sino como nosotros mismos nos habíamos impuesto, creyendo que era lo más acertado para nosotros, siempre con espíritu de sacrificio, esforzándonos y no poco. Entendíamos que así era necesario afrontar la vida.

Hoy, ya con la salud un poco ajada y con el cansancio de los años, después de ver pasar tanta agua bajo los puentes, bajando la escalera de la vida que tanto trabajo nos costó subir, venimos al lugar de donde partimos para descansar y ver. Volvemos al sitio de donde somos, antequeranos que siempre hemos sido y pregonado, completando el círculo de la vida. Y hemos vuelto a donde siempre hemos estado, aunque no hayamos aquí vivido.

Paseo ahora, después de años sin andar, y al pasear y ver me vienen recuerdos y recuerdos que plasmo en el papel, los que no se me han olvidado en las profundidades de la mente. Escribo porque me gusta, no tengo otra pretensión. Escribo lo que me gusta porque quiero. Así de sencillo. En cuestión de gustos la vida es muy variada. A los que me puedan leer y me feliciten, pues muchas gracias. A los que me puedan leer y no les guste, sencillamente es que no están preparados para mis escritos.

Referencio mis primeros pasos en cuatro meses en Antequera, en esta etapa al filo de los 75, iniciando el 2019. Reviso los apuntes y lo finalizo en mayo.

Muchas gracias por vuestra tolerancia.

3. EL ENTIERRO DE LA SEÑORA LOLA ARTACHO

Martes, 5 de marzo de 2019

Me animo a seguir escribiendo porque mi amigo Antonio Clemente me lo cuelga en el blog. Yo no sé hacerlo, de modo que si el blog se para la culpa no es mía, es de él. Mi blog es: sanchezgarrido.wordpress.com y me asombra que ya esté próximo a las 500.000 visitas desde su inicio.

He comentado en varias ocasiones en mi vida que, como siempre he estado «mandando», supervisando o coordinando, nunca he hecho nada para no ocupar el tiempo, necesario para coordinar. Consecuencia de no hacer nada es que no sé hacer nada. Entonces la culpa de mi inutilidad no es mía, creo yo. Es solamente un efecto colateral de mi trabajo. No he hecho nada no por vagancia, ni mucho menos, sino porque he estado supervisando y no he tenido tiempo para trabajar de forma directa. Esto se puede entender o no, pero es lo que es o fue lo que ha sido. En este camino he ido subiendo escalones hasta ser un inútil total y un mandón integral, mejorando día a día en el mundo de la inutilidad. No lo digo ni con alegría ni con pena, sino comentando lo que ha sido mi vida. Fue lo que ha sido. Y eso no se puede ya rectificar ni para bien ni para mal. Siempre, desde los treinta años, manejando equipos de personas. Y equipos numerosos.

La señora Lola Artacho llevaba un tiempo mal y anoche a las 23 horas falleció. Hoy la misa-entierro ha sido en la iglesia de Capuchinos, en Antequera, a una hora un tanto anómala, las cuatro y media de la tarde. Escribo porque los Artacho no son para mi familia unos más. Son distintos, son los vecinos de siempre, los vecinos de toda la vida, los vecinos del día a día. Socorrita viene a diario a casa y mantiene el dedo en el timbre. Es inconfundible. No hay quien aguante el timbre. Trini va a diario a casa de Socorrita. Y esto no es una sola vez al día ni es ahora. Es siempre.

La señora Lola Artacho era la madre de Juan Luis (*Pub* El Coto), aunque ella hace muchos años vivía en el barrio Girón. Nuestra vecina, su hermana Socorro, es soltera. La señora Lola Artacho era viuda y ya muy mayor, quizás 92 años. Yo me acuerdo perfectamente de la madre de Lola Artacho y del padre (es decir, los abuelos de Juan Luis), como si los estuviera viendo. Son curiosas la vida y la mente. He ido con Trini a Capuchinos. La iglesia estaba al completo, totalmente llena. La iglesia de Capuchinos a mí siempre me ha gustado. No es ostentosa; es recoleta, muy simétrica. El convento de Capuchinos antes estaba separado de la población. Hoy ya, con el crecimiento de la ciudad, está en el límite más o menos. Ahora en su huerto (o en buena parte de su huerto) hay bloques de viviendas, como en muchos huertos de monasterios de Antequera. Los tiempos cambian, los huertos también. En vez de plantas se siembran pilares de bloques.

Allí estaba Juan de Dios Artacho, que vive en Madrid y ha venido con su señora al entierro de su hermana. Nos hemos saludado afectuosamente; hace muchos años que nos conocemos, desde niños. Él tendrá mi edad más o menos. Éramos y somos de edad similar.

He dado el pésame a Paco Artacho, hermano de Lola y de Socorrita, y a muchos de la iglesia. No los conocía; muchos años fuera llevamos Trini y yo. Nuestras visitas eran cortísimas y, por ello, centradas lógicamente en la familia.

En la iglesia estaba mi hermana Mely. Nos sentamos juntos; después prefirió volver ella andando. Yo volví con Trini en el coche. Dejé a Trini en la casa de Merecillas, fui a aparcar el coche y después a recoger a Trini para ir a tomar café a La Antequerana. Ella pidió churros (por la tarde ponen allí churros), yo tomé una torrija. En mí es raro, tomo poco dulce. Nos gusta ir a La Antequerana; tiene una decoración que nos encanta y buen servicio. Nos sentimos cómodos allí.

En fin, ahora Socorrita es mayor y estamos en Antequera. Durante años ella ha venido y entrado en nuestra casa para ver si estaba todo correcto y regaba las macetas y miraba si había goteras. Daba «una vuelta de inspección». Últimamente no; los años pesan y pasan. Cuando era yo muy joven le decía: «Socorrita, ¿por qué seré yo tan guapo?». A ella esto le molestaba muchísimo, dice que me lo tenía creído, y me contestaba: «¿Pues sabes lo que te digo? Que tú no eres tan guapo, ni mucho menos, y además no es bueno que te lo tengas creído». Y refunfuñaba, lo cual a mí me hacía cierta gracia; a ella ninguna. Al verla un poco enfadada, tomaba nota para decirle lo mismo en la siguiente visita.

Socorrita, durante años, cuando hemos venido nos ha dado el parte del tiempo que hemos estado ausentes, quién se ha muerto y de qué. En fin, los aconteceres locales más cercanos.

Es una especie de *El Sol de Antequera*, pero hablado y a nivel de la calle Merecillas fundamentalmente.

Para el entierro me he puesto corbata ajustada y chaqueta por respeto a la fallecida. Y así va la vida: unos nacen y otros desaparecen. Casi siempre con la corbata llevo el botón suelto; queda fatal. Ahora, con la edad, estoy aprendiendo a tenerlo abrochado. He aprendido algo al menos.

Hago casi lo mismo que todos. Todos los días en el periódico lo primero que veo son las esquelas de los muertos. Hoy, además, ha perdido el Real Madrid de nuevo. Al segundo gol cambié de canal y me puse a ver el Canal Historia, que me gusta más. Yo al Madrid lo veo porque me gusta que gane; si es para perder, pues mire usted, no tengo ningún interés.

Hoy he paseado poco por Antequera; no tenía muchas ganas de andar. Fui al Bar La Aurora, en la Alameda, a tomar café con leche y el mollete con aceite. Y me ponen el periódico. Suelo estar, por tanto, veinte o veinticinco minutos. Después, a la farmacia del Campillo, que me pilla cerca y son muy amables. El lunes me dolió muchísimo el estómago, un dolor casi insufrible, sin saber de qué. A las dos horas se me quitó.

Esto es mi parte más o menos, donde estoy en vacaciones permanentes y no tengo tiempo para nada. Mientras menos se hace, más tiempo te falta. Parece incongruente, pero es cierto. Lo del aburrimiento no sé lo que es, seguramente porque lo paso divertidamente. El aburrimiento me divierte. No hay nada mejor que un buen aburrimiento, pero no lo consigo.

El mundo es bonito. A pesar de los malos ratos. Y es bonita la relación antigua, humana. Y la cercana y la próxima, difícil de explicar, la relación con vecinos «de toda la vida», literalmente de toda la vida. Vecinos aunque haya estado sesenta años fuera de Antequera, pero no hemos roto el vínculo. Los vecinos de siempre. Esto se tiene en las ciudades medias y pueblos pequeños; en las capitales es más complicado. Los Artacho, vecinos de toda la vida, de siempre. Pero la vida es así, se va consumiendo, con lo bonita que es. Es realmente lo más valioso que tenemos, sin duda. Aunque no hay quien la compre. La tiene que usar el que la tiene. Hoy día, con tanta informática, cada vez se habla más con el ordenador y menos con las personas. Esto será ahora, pero tiene que cambiar; las relaciones personales son básicas. Aunque muchas veces duela la cabeza por ellas.

Los vecinos de siempre, la calle de siempre, las relaciones eternas y necesarias para vivir, que es convivir. Buenas noches.

4. CHACHA TRINIDAD

Mis recuerdos se remontan a muchos años atrás, quizá 65 años atrás o así, cuando yo tenía diez años más o menos, en la calle Plato de Antequera. Subiendo desde Merecillas a la izquierda, a mitad de la calle, vivía la hermana de mi abuela Carmen Ortega, Chacha Trinidad. Recuerdo su sonrisa y su pelo blanco y cierta alegría permanente en su cara; su casa, muy limpia; su patio y muchos hijos, ya casi todos casados. Casa fresca en verano, macetas regadas, suelo baldeado, olor a flores, a limpio, con mirada limpia y transparente, sencilla y clara.

Hoy, por un wasap de mi hermana Mely, se nos informa a los hermanos de que ha muerto prima Tere. Como me quedo desconcertado, se me aclara: es la prima de mi madre, una de las hijas de Chacha Trinidad. El grupo de WhatsApp tiene como nombre «Los hermanos pilongos» porque somos hermanos bautizados en la misma pila bautismal.

Voy a la iglesia de la Trinidad a las 12.30, al entierro o la misa del entierro. Allí está mi hermana Mely. Voy con Trini.

Mi madre me contaba mucho que, antes de la guerra, la iglesia de la Trinidad ardió, parece que de forma fortuita. Mi madre me recordaba cómo mi abuela, mi abuelo y, en fin, toda la familia y el vecindario, por supuesto, con cubos de agua hicieron una cadena para intentar paliar el incendio. Por ello miro detenidamente el altar mayor y el retablo, que son nuevos. El antiguo retablo ardió. He visto el antiguo en alguna foto que no preciso. Solo puedo decir que es muy diferente al actual, con cierto aire modernista, pero atractivo. La fuente al pie de la iglesia, como era habitual, ya que se carecía de agua potable en las viviendas. Yo esa época no la viví. La fuente del barrio de la Cruz Blanca vino bien para controlar lo que se pudo del incendio en una Antequera sin bomberos entonces. Mi madre me recordaba este episodio de vez en cuando y cómo los vecinos de la iglesia lloraban con el incendio y cómo ella y toda la familia lloraban viendo la iglesia, su iglesia, semiderruida. Este episodio la impactó toda su vida. Los ojos le brillaban, con lágrimas casi a punto de saltar, cada vez que me comentaba el incendio.

Le pregunto a mi hermana y me informa, pues yo estoy un poco perdido. Mi abuela solo tenía una hermana, que era Chacha Trinidad, y ningún hermano. Mi abuela Carmen tuvo seis hijos en total y Chacha Trinidad, un total de doce, de los cuales nueve eran hembras y tres varones.

Una de las hijas, Soco, tiene 101 años y vive en Torremolinos. Viene a la misa con su hijo. Le doy un beso, pero no me conoce. Hace muchos años que no la veo y ella, con su edad, pues no tendrá demasiada memoria, aunque se la ve plenamente vivaz, de ojos alegres.

Mi tía Tere, la fallecida, era muy guapa. Hace muchos años, muchos años, quizá sesenta, tenía una tienda de comestibles en la plaza de San Bartolomé. Era muy guapa, me acuerdo bien. Después, se me comenta, vivía en un piso en calle Duranes, en el mismo bloque donde vive Susana, la sobrina de Trini, con su familia.

Veo a una de las hermanas de la difunta, a Rocío, quizá la más joven. En general todas las hermanas eran (y son, las que viven) guapas, espigadas, de altura respetable y cierto aire de distinción diría yo. Son difíciles de olvidar. Tienen empaque, tienen distinción natural. La vida es un pasaje de rostros. Pasamos nosotros o ellos pasan. Muchas caras no dicen absolutamente nada y otras son caras que hablan sin hablar, son caras que sin hablar expresan vida. Caras para recordar. Me refiero a mujeres, naturalmente. En cuanto a los hombres, sencillamente no les presto atención a sus caras.

La iglesia está llena y con cierto aire de elegancia. Hoy es el Día de Andalucía. No conozco a casi nadie en la iglesia, pero sí caras que me son algunas familiares. Es lo normal después de tantos años fuera de Antequera, casi sesenta, y solo viniendo de vez en cuando, algunos fines de semana.

«¿Cómo estás, Pepe?», me dice uno. «Muy bien», le contesto y me comenta: «Ya te veo». Lo cual no me gusta; creo que me está diciendo que peso demasiado. Es como cuando me dicen que me ven muy hermoso. Los que me dicen gordo, seguramente con razón, son unos ineducados. Deben mirarse ellos primero, a ver cómo se ven. Si hay una vecina que cada vez que me ve me dice que me he puesto muy gordo, yo me callo y no digo nada de lo que veo, pero me duele. Yo me veo guapo, salvo cuando me miro al espejo.

En la Cruz Blanca nos sentamos mi hermana Mely, Trini y yo en la calle, en el altillo de la misma, al sol. Mely quiere sol. El día es espléndido en un sitio que no conocía. No llevará mucho tiempo. Se llama Cafetería Tapería Paladar. Allí nos saludan mi sobrino Ignacio Sánchez-Garrido Lara y su señora,

María Ángeles, a los que vemos de forma casual. Estamos un ratito al sol hasta que empieza a picar. Me refiero a picar el sol, evidentemente. Nosotros con la cerveza también picamos, pero alguna tapa.

El sol es una fuente de energía para las plantas y, seguramente, para las personas en menor medida también. Nos colmata de energía, lo mismo que hace con las placas solares. Somos como placas solares. Yo no. Prefiero la sombra. Tenemos ya las placas solares. Falta por inventar las placas lunáticas.

Mis recuerdos son de unas casas más arriba, donde vivía un compañero de instituto, Manuel Jesús Campos González. Después estudió Medicina y sé que vive en Granada. No lo he visto desde el instituto. Ya está jubilado, con fama de buen médico. Su madre tenía un taller de costura.

Manuel Jesús tenía un buen amigo, que también era amigo mío: Torres. El nombre, me parece, era Paco. Con una tienda el padre, creo que perfumería, en la esquina de Santa Clara con San Pedro. No lo he visto más tampoco, nunca jamás. Ni idea de su vida.

Donde hoy está Paladar es donde años atrás, muchos, tenía Rafael Sánchez una tienda, relojería y después de electrodomésticos, si la memoria no me falla. En la misma casa o en la de al lado. La instalación se ve muy completa y moderna.

Hay un bar donde ha estado siempre, en Santa Clara, en la esquina con Cruz Blanca. Y más abajo, al final de la Cruz Blanca, cerca de la gasolinera, hace sesenta años había otro bar de don Juan Muñoz Guardia, del cual me acuerdo bien. Pagaba muy bien. Al presentar la factura, no te mareaba. Lleva muchos años cerrado. Cuando paso por allí veo su cara en mi mente, la que tenía hace sesenta años. Ya no debe de estar entre los humanos vivientes. Por lo que veo, se van muriendo todos. Poco a poco, pero sin parar.

Y en la esquina con Cuesta de Salas, otra tienda. El padre de Plácida, hoy viuda del señor Rafael Pino. Hace algunos años que no la veo. Sale poco de casa ahora; no se encuentra bien. Hace quince o veinte años, si mal no recuerdo, su alegría era desbordante. No se me olvida en calle Merecillas, cantando una noche *María de las Mercedes*, pues a la vez que cantaba se lanzaba al sofá y hacía muchas payasadas graciosísimas. Y los buenos chistes de su marido. En fin, la vida. Son terribles estas cosas.

De la terraza de Paladar nos vamos a la plaza de Abastos. Nos metemos en un bar, en la barra porque la terraza está llena; es muy bonito y nuevo. En ese sitio, más o menos, estaba hace muchos años el Bar Palomo, cuyo propietario era José Palomo Pazaro. No me acuerdo del nombre del bar de hoy, donde hemos estado, muy bien acondicionado y agradable, con una terraza exterior al otro lado de la calle, toda repleta de personal.

En esa plaza, hace sesenta años, había un kiosco para la venta de petróleo. Entonces estaban de moda las hornillas de petróleo. Precisamente era de Rufo, uno de los hijos de Chacha Trinidad.

Hoy es la feria de la tapa en Antequera. Dura hasta el domingo. Son 47 bares. Como le digo a mi sobrino Ignacio, sin duda un estupendo empresario, no nos da tiempo de visitar tantos sitios. No estaría mal visitarlos todos. No por beber ni comer; simplemente, por ver y hablar.

De allí vamos a Arte de Cozina, en la barra, donde consigo un taburete también para mí, pero lo cedo a una señora que está al lado. Aunque me dice que no lo necesita le insisto, pues estar sentado yo y ella de pie al lado es superior a mis fuerzas, me hace estar incómodo. Nos entregan una nota impresa hablando de la porra de naranja, que finaliza diciendo: «Entre el pueblo y el populacho hay la misma diferencia que entre el jamón y el gazpacho». Un buen restaurante y bar el comentado, donde siempre me siento cómodo. Una empresaria con mucho mérito.

En fin, con dos cervezas y dos vinos nos vamos a Merecillas, lo cual nos cuesta a Trini y a mí hasta un poco de trabajo. La edad no perdona. Por la calle, un matrimonio nos habla con mucha familiaridad, como si nos conociéramos de toda la vida. Resulta que no los conocemos ninguno de los tres. Finalmente, me informo de que son de Málaga y han venido a pasar el día a Antequera. Estaba desconcertado; no sabía si los conocía o no. Como no preguntes no te enteras de nada. Preguntando a lo mejor tampoco.

Al pasear por Antequera los recuerdos bullen. Ocurre que, en alta medida, se recuerda más la niñez que la época posterior de trabajo. Cuando he comentado a algún familiar que estoy escribiendo sobre mis caminatas por Antequera, me dice:

—¿Y de qué escribes? ¿De arte?

—No, no —le contesto—. De arte no.

—¿Entonces de historia?

—Tampoco.

—¿Entonces de qué escribes?

—Pues no sé de qué escribo; sí sé que escribo. Quizá escriba de sensaciones, impresiones y filosofía existencial. Escribo de la vida. Escribo y digo lo que siento, siendo complicado saber lo que siento.

—¡Uf, qué rollo! —me comenta para mi desconsuelo.

Andando, paseando por Antequera, caminando o, mejor, más nuestro, callejeando, dando vueltas por Antequera y más vueltas, mirando, viendo, soñando y observando a Antequera soy, en definitiva, parte de Antequera y siento Antequera. Es algo tan sencillo y es porque soy antequerano, porque mi familia es antequerana, porque mis ascendientes, que yo sepa, son antequeranos, de la huerta de Antequera, como los tomates y los espárragos, las papas y los melones; porque Trini es antequerana, por suerte para mí. Y porque ambos queremos a esta tierra, aclarando que a las demás tierras también. Sobre todo las andaluzas. Aunque España entera es bonita.

He tenido opciones de trabajo vamos a decir muy destacables, un tanto lejanas, pero ni siquiera me las he pensado porque vivir cerca de Antequera para mí es algo fundamental. No es negociable vivir lejos, no sé por qué. No tengo ni idea de por qué, pero si viviese en el extranjero sería un problema terrible de añoranza.

Cuando digo que estoy escribiendo sobre Antequera a mi hermana Mari Tere para que me lo revise, me contesta:

—Olvídate, tengo los días muy ocupados.

—Bueno —prosigo yo—, si tienes los días muy ocupados, pues utiliza las noches.

—Ni lo pienses —me vuelve a contestar.

A mi hermano Juan Carlos, que tiene todo el tiempo del mundo, se lo digo y me contesta:

—No, no, no. Ni hablar. —Me mira socarronamente—. Y como me lo envíes por *e-mail*, es que ni lo abro para no tener que leerlo.

Estoy desolado; nadie sabe apreciar mi arte. ¿Será que no tengo arte? Al final mi hermana Mely lo ha leído y me dice que es muy interesante. Me deja desconcertado. Le digo a ella que quiero incluir al final una relación de temas que, en mi opinión, sería bueno hacer en Antequera, pero que he desistido. Ella me dice que no deje de hacerlo y que lo incluya, cosa que he hecho. Sobre el nombre de este trabajo, no le he puesto *Paseando por Antequera* porque es prácticamente igual al nombre de un maravilloso libro de Juan Alcaide de la Vega. Le puse de nombre *Caminando por Antequera*, pero mi hermana me dice que lo cambie por «callejeando», que es más nuestro, cosa que he hecho.

Si a alguien no le gusta, pues tampoco me sofoco, por supuesto. Yo tengo arte; puedo ser un incomprendido en mi época como otros muchos. Si no gusta es que los demás están equivocados. Así de sencillo. Y con ello que no se malentienda: me considero humilde.

5. LA HERMANA DE MI ABUELO REYES

Lunes, 4 de marzo de 2019

Desayuno en el Bar La Aurora, en calle Alameda. Me gusta ir allí. Los dos (entiendo que socios) que llevan el bar son muy atentos y a uno de ellos lo conozco de toda la vida. Vivía enfrente de Trini; una familia con muchos niños y una madre que era un primor, trabajadora y luchadora como nadie. La madre vive. Hemos ido dos veces a su vivienda, años atrás, pero no estaba. Había salido.

Mi mollete con aceite, mi café con leche, vaso de agua fría y periódico para que lo lea: el *Sur*, de Málaga. Después paseo. Aunque hoy, lunes, estoy algo cansado (no demasiado) y he dormido mal.

Voy a la farmacia del Campillo. Me atiende muy atentamente una persona algo mayor, aunque hay un medicamento que no lo tienen y me comenta:

—Lo pediré para tenerlo para esta tarde. Lo dejaré con una nota con su nombre.

—¿Me conoce? —le pregunto.

—Claro que sí —me contesta—. Le conozco. Y a su hermano Antonio, a su hermana Mely, a su hermano Juan Carlos y a su hermana más pequeña, que no vive en Antequera.

Paseo, ando por Antequera, hago seis kilómetros. En plaza Fernández Viagas un señor, cuyo aspecto es familiar, me dice:

—¿Cómo está mi prima?

Le digo que muy bien y me dice que le dé recuerdos. A Trini se lo comento y lo identifica. Me dice que no es primo de ella. Es más bien mi primo, ya que es hijo de la hermana de mi abuelo Rafael Reyes.

—La hermana de tu abuelo vivía cerca de donde yo vivía, en calle Belén —me comenta Trini—. Era tremenda de grande. Medía, y no exagero, dos metros o algo más y utilizaba de calzado un 43-44, que esto en mujer no se encontraba en aquellos entonces, hace cincuenta años. Ella era hermana de tu abuelo, era tía de tu madre, de modo que al que has saludado es primo de tu madre. Y está viudo.

Recuerdo, efectivamente, a la señora que me comenta Trini. No recordaba que era hermana de mi abuelo, sí pariente y que era altísima, una torre. En mi familia hay algunos o algunas muy altos.

—Tu sobrina Cristina —prosigue Trini— tiene la misma altura que ella.

Efectivamente, mi sobrina Cristina desde luego anda por los dos metros de altura o muy poco le falta. Yo creo que no le falta nada. Esto son los genes, las leyes de Mendel, los caprichos de la naturaleza. Es la vida.

—Su marido —me dice Trini, hablando de la hermana de mi abuelo— era de talla normal o más bien pequeñito. Era carpintero en calle Belén y era un buen carpintero.

Estamos hablando de hace sesenta años. Mi abuelo Rafael Reyes también era carpintero. Solo hacía carros para ser tirados por mulos. Es lo que había antes de los coches, tema que yo he vivido.

En fin, a esto que viene a calle Merecillas mi cuñado José García. Me trae un ejemplar del *Quijote*, copia de un original. El tamaño del libro es gigantesco. En un bonito cajón de madera me lo deja en depósito; es decir, nunca se lo devolveré, supongo. Es un libro que tiene veinticinco o treinta años y del que se hicieron 3.000 ejemplares numerados. Está bien. Es, diremos, una reproducción del original. Por lo visto, lo obtuvo en un trueque por algo con alguien al que le ocupaba mucho espacio en su casa y al que conozco.

He pasado hoy por la plaza de Abastos y calle Trasierras, donde veo que todos los locales han cerrado. Todo se alquila o se vende. Creo que en la calle quedan dos abiertos. ¡Qué desastre! Mis recuerdos de hace muchos años eran de una calle bastante comercial. Sin embargo, la contigua plaza Fernández Viagas sí tiene todos sus locales operativos prácticamente.

¡Hay tanto que ver en Antequera! No obstante, la zona comercial, es curioso, no permanece fija con los años. Se va desplazando poco a poco, metro a metro. Calle Merecillas cada vez es más comercial. Será porque es «llanica», como dirían en Granada, no sé.

Hoy día, con los hipermercados, el comercio de tiendas de comestibles es puramente testimonial. La actividad comercial se polariza. Yo soy un defensor a ultranza del pequeño comercio, que, entiendo, debemos defender; pero cada día es más débil. Hemos de estudiar nuevos estilos para revitalizar un «comercio humano o social» como es el pequeño comercio, donde hablas, donde te conocen, donde cambias impresiones, y no un anaquel de las grandes superficies donde te autosirves y si quieres hablar con una dependienta tienes que buscarla durante mucho tiempo para ver detrás de qué expositor se encuentra perdida. Todos los días te llenan el buzón de folletos las grandes cadenas con ofertas «muy interesantes», que luego no lo son tanto. Hemos de inventar sistemas de *marketing* para el pequeño comercio. Los que he visto no me han gustado. No los he visto prácticos.

Paseo por Diego Ponce, calle Cantareros, tomo otro café (esta vez sin mollete) en el Bar Central y camino, un tanto perdido, hasta los seis kilómetros. Después me marcho a casa. Hoy sé que voy a comer mi plato preferido, el mejor del mundo; es decir, huevos fritos con patatas y algún pimiento frito. Esto es fantástico. Como lo es la porra antequerana. No sé por qué buscamos sabores exóticos si tenemos quizá una de las mejores cocinas del mundo. En fin, muchas veces he ido por trabajo a restaurantes de alto nivel, de cocina moderna, donde en el primer plato no sabes si es el postre, donde se hacen filigranas ópticas en el plato. Con lo buena que es nuestra cocina tradicional, única en el mundo.

6. BULEVAR FOX

Día de San José, 19 de marzo, Antequera. Día de mi santo. Toda la mañana recibiendo wasaps. Muchos. Hay una poderosa razón: yo ayer envíe felicitación por este medio, después de las doce de la noche, a todos los José de la agenda de mi móvil. Consecuencia de ello, me han contestado felicitándome a mí. Más alguna Pepa a la que he felicitado, más todos los demás que se han acordado, más diversas llamadas telefónicas. Una barbaridad. Bueno, cuando lleve tres o cuatro años jubilado, si es que no me quedo en el camino antes, seguro que me felicitarán muy pocos; bien porque se hayan muerto, bien porque se hayan olvidado o bien porque me haya muerto yo.

Trini, como es mi santo, me dice que si quiero salimos a tomar una cerveza. No desaprovecho la oportunidad. Ella es muy casera; yo, menos. Vamos muy cerca de la Alameda, directamente al Bulevar Fox, a la barra.

La relación de la familia, de apellido Cuesta, con la familia Sánchez-Garrido es muy antigua. Creo que el negocio lo inició su abuelo en 1942. Me parece que lo he leído por ahí. Bueno, desde entonces hay relaciones familiares intensas.

Su abuelo, don José Cuesta Anguita, vivía junto a mi domicilio actual, en calle Merecillas, puerta con puerta. Así pues, al abuelo lo tengo perfectamente retratado en mi mente. Cuando yo era niño iba a llamar a mi padre, por orden de mi madre, a la hora de la comida. Cuando la misma estaba puesta iba al bar de Fox a llamar a mi padre, que iba a tomar una cervecita y a hablar con los amigos. Algunas veces en vez de una cerveza tomaban dos y alguna copa de aquel vino a granel que tan bueno estaba: una copa de Blázquez.

Así que durante setenta años vengo teniendo relación con la familia, vecinos de siempre aunque vivan en otros lados.

Uno de los hijos, Pepe, ya jubilado, es maestro nacional y, en su momento, un fenómeno jugando al fútbol, un genio en rapidez y regateo. Llegó a jugar en el Elche en primera división.

Doña Lola, la señora del abuelo, don José Cuesta Anguita, tal como la he conocido hasta que nos dejó no hace mucho, era una persona que contagiaba alegría y positivismo. Esa alegría en la cara la veo en su hija, a la que ya hace tiempo que no veo. Conocer a personas así te alegra el alma y ves la vida de otra manera. La pena es que vayan desapareciendo. Yo hasta ahora soy, en definitiva, un sobreviviente. Sobrevivo de entre los muchos amigos muertos y mucha familia fallecida. Yo, de momento, me mantengo; soy un sobreviviente de la vida. Hay que tocar madera.

A mí esto me afecta mucho, me refiero a lo de la alegría. Si hay una persona con alegría, la misma es contagiosa, pero si es tristeza y mala sombra me produce depresión. Dentro de lo posible, procuro no acercarme mucho a los negativos llorones. Con esa actitud no se soluciona nada. Lo que ocurre es que hay muchos llorones en el mundo. Siguen los llorones una filosofía antigua: que mientras lloran nadie les pide. Yo creo que la política del llorón es nefasta, pero hay quien la practica y lo pasa estupendamente. Para los que la sufren es una tortura.

Volviendo al tema, el que ha seguido el negocio ha sido el hijo, Javier, y ahora el nieto, también Javier. Esto de la profesionalidad se hereda en muchas ocasiones. En otras no.

Bueno, aparte de agradables y serviciales, creo que la palabra que mejor los define es la profesionalidad, el hacer muy bien su trabajo, y ello encierra todo.

Son los negocios que siempre están, es la profesionalización de la actividad en alto grado. En poco espacio que hay en el Bulevar Fox hay atractivas tapas, buen servicio y una acogedora terraza en la acera, con sus calefactores en invierno. Es como si estuviésemos en París más o menos, pero con menos frío y hablando español, esta lengua que se habla por unos seiscientos millones de personas en este mundo; por tanto, el diez por ciento de la población mundial. Y crece. Pero, claro, en otros países.

A toda la familia nos gusta ir allí, al final de la corta barra, al Fox. Hay un ensanchamiento de, no sé, a lo mejor cincuenta centímetros. Mi hermano Antonio lo llamaba el salón y allí hemos echado buenos ratos diciendo chorradas inmensas, a ver cuál era más grande, y pasando las horas con salud, amigos, vino y tapas, que es una forma muy bonita de emplear el tiempo de ocio, por ejemplo.

Echo de menos muchísimo el no poder tener largas conversaciones con mi querido hermano Antonio. Su estado de salud no se lo permite, lo cual siento bastante porque yo tenía previsto en esta etapa de mi vida conversar mucho con él y ya no es posible.

Otro amigo es Nateras. Son dos hermanos; uno, sorprendentemente para mí, falleció y con el más joven no puedo salir, ya que está *full time* cuidando a su señora enferma.

El Bulevar Fox es un sitio estupendo para cenar en la terraza, cubierta y por un lado abierta, sobre la acera de la Alameda, y con sus estufas cuando el tiempo lo requiere. Te sirven de forma rápida y eficiente y a precio razonable, yo diría que justo y lógico. Personal muy agradable y servicial. Me encuentro como en casa.

Trini me comenta casi siempre lo mismo, cómo en tampoco espacio se pueden preparar tan diversas tapas con orden y limpieza. Bueno, esto es la experiencia y el orden.

Bulevar Fox es un clásico en Antequera, un sitio donde te encuentras cómodo, donde ves caras amigas, donde te sirven y atienden muy bien. Sabes que siempre estarás bien atendido, sabes que son amigos, son próximos a la familia, son segunda familia, conocidos de siempre, que al vernos nos produce a ambas partes alegría.

Es algo que se agradece en un mundo como el actual, donde se abren nuevos establecimientos que atienden no profesionales en muchos casos, sino meramente aficionados mentales, personas totalmente desconocidas y sin experiencia; donde han formado los nuevos empresarios empanadas mentales de rentabilidad que, al ver que la realidad es opuesta, terminan por desaparecer y cerrar a los pocos meses, decepcionados y posiblemente con deudas y dejando de pagar a los proveedores en algunos casos. Son sueños no realistas. Finalmente, lo que ocurre es lo de siempre, que para poder tener un negocio o un trabajo hacen falta implicación, trabajo, esfuerzo, constancia y también algo de suerte. Es verdad, muchas cosas. Básicamente, mucho trabajo. Es un ingrediente fundamental

Los negocios antiguos, de larga tradición, que permanecen abiertos no es por casualidad, sino, seguro, consecuencia de la profesionalidad.

El nombre de Fox le viene porque en aquellos años, en la década de los 40, se bailaba mucho el fox, un baile de moda en aquellos entonces, y los abuelos (entonces jóvenes) por lo visto lo bailaban maravillosamente.

Hace unos años, un día nos juntamos allí buena parte de la familia de forma un poco casual. Cuento lo que me pasó: comimos en el Bulevar y, además, mi hermano Antonio invitó a algunos amigos. La tarde se alargaba, el consumo continuaba y la factura crecía y crecía, lógicamente, pues no se ahorraba, sino que se pedía y pedía sin parar. Al menos quince máquinas tragadoras de raciones comían como si no lo hubieran hecho en su vida. ¡Madre mía! Nunca había visto cómo tantas raciones caben en cuerpo humano.

Ya al finalizar la tarde, mi hermano Antonio me dijo: «Pepe, como yo soy el que he pedido, voy yo a pagar la cuenta». Le contesté que por qué él y no yo o a medias. Y me contestó con un escueto: «Muy bien, de acuerdo. Paga tú».

Se me encogió el estómago. La cuenta era alta. Aunque los precios del Fox son razonables, era un consumo desde las doce de la mañana hasta, no sé, las ocho de la tarde y de muchas personas. Total, que pedí cuenta y, con la cara blanca, pagué yo.

Mi hermano Antonio se reía mucho: «Pepe, para que aprendas a callarte y no querer no pagar y encima quedar bien diciendo que quieres pagar». Aprendí la lección.

Me dolió la cabeza al menos una semana. Pagué por tonto y no fue poco. A mi hermana Mely también le divirtió esto. Y a Juan Carlos. A mí nada y a Trini tampoco.

Trini se cabreó conmigo: «¡¡Te está bien empleado!! ¡¡Para que aprendas!!».

Reflexioné: «Sí, es verdad, es verdad. El tonto soy yo». Y cada vez que me embalo algo digo alguna tontería y con alguna tontería me amargo. Es mejor estarse callado y se acabó. Pero eso es imposible.

7. LA ÚLTIMA MANTA

Ese día visito el museo del Henchidero, es decir, la exposición «La industria textil antequerana». Me atiende el conserje, señor Clemente, y me paso la mañana en la misma, la cual no es prácticamente visitada. Es muy raro que vayan a este museo.

Toda su cartelería y explicaciones están solo en idioma español y, bueno, al estar en un lugar un tanto apartado (cercano a la iglesia de San Juan) es un sitio poco visitado. Debería tener otro acceso por la carretera del Torcal, arreglando el firme y ampliando el ancho.

Me sorprende gratamente dicha visita y me llena bastante las pilas.

Esta exposición presenta una panorámica bastante completa de la industria textil de Antequera desde sus comienzos, en el siglo XV, hasta la extinción en el siglo XX de lo que fue una importante actividad económica de Antequera. Hay en la exposición algunas mantas de las que se fabricaban. Hago memoria en el tiempo. Aproximadamente en el año 1965, el señor José García-Berdoy Regel me regaló una manta en las oficinas de Abonos Berdoy, en la Cuesta de Rojas. «José Luis —me dijo—, cerramos la fábrica de mantas, la última que queda en Antequera, que es la mía, y hemos hecho unas mantas de recuerdo o como despedida de la actividad. Son las últimas mantas, las mantas finales, las últimas mantas de Antequera. Sí, sí, las últimas mantas de Antequera, al menos por el momento, y es el regalo que te hago». Realmente, me emocionó. Valoré mucho el detalle porque en esto de los detalles es muy importante sobre todo el mensaje que transmiten.

Cuando llegué a casa y extendí la manta comprobé que era muy pequeña, muy pequeñita, y me decepcionaron sus dimensiones. Hoy lo entiendo: no era una manta para usar, era una manta de recuerdo. Era la última manta de Antequera. Se habían hecho muy pocas, un número limitadísimo de las mismas, que el señor García-Berdoy regaló a quien estimó oportuno. Yo tenía bastante relación con él y tuvo esta deferencia conmigo. Yo era bastante joven.

Leyendo los murales, que son muchos, se adquiere bastante cultura. Yo no sabía que habían existido fábricas de curtidos y que la piel de las ovejas, la piel con lana, al quitarle la lana se llama «badana» y la de cabra se llama «cordobán». En fin, esto venía bien, ya que la lana luego se utilizaba para fabricar hilados y después tejer los mismos. Las fábricas estaban junto al río. Se movían por la energía hidráulica. El río, el nacimiento del río de la Villa, fuente de energía. A su lado, molinos de harina árabes, fábrica textil. Río es sinónimo de riqueza de una u otra forma, de vegetación, de humanidad. Río es vida.

La fábrica de García-Berdoy era la única que no estaba junto al río de la Villa, sino en calle Higueruelos, y se cerró. Cuando se inició era 1869. Su propietario inicial era don Antonio de Burgos Anglada, adquiriéndola más tarde don Carlos Blázquez, pasando luego a sus hijos.

A principio del siglo XX la compra don Gustavo Regel Dietrich, cuya hija se casa con el señor José García-Berdoy

Carrera. Mis relaciones fueron con el señor García-Berdoy Carrera y después con su hijo, señor José García-Berdoy Regel. Por último, con su sobrino, señor Juan López García-Berdoy.

El padre del señor Juan López García-Berdoy, de la Real Academia de Antequera, era el más que conocido catedrático señor Francisco López Estrada y su madre, hermana de don José García-Berdoy Regel.

La fuente de energía, volviendo a la fabricación de mantas, en este caso concreto era una máquina de vapor construida en Inglaterra, que se conserva en el centro de formación profesional de la Virlecha. La manta está ribeteada con una cinta lisa, típico de muchas mantas antequeranas. El filo o borde de la misma era abarcado con una cinta cosida a la parte superior de la manta, vamos a decir a un centímetro del borde, y la otra aparte, igualmente a un centímetro, pero por la otra cara de la manta. Era suave al tacto. Yo no quería usar la manta, quería guardarla. Pero era joven, tampoco había demasiado sitio en el piso para guardar muchas cosas y empezamos a usarla desde el primer momento en la cuna de los niños. Hace muchos años que no veo la manta. He perdido la última manta de Antequera. Debía haber tenido más cuidado; es una manta de museo y, además, yo lo sabía. Trini me tranquiliza y me dice: «Cuando lleguemos a Granada la buscaré. Como es pequeña, la guardé en la parte superior de un armario empotrado. No se ha perdido, no se ha tirado. Te daré tu manta». Esto me tranquiliza y me da bastante alegría. Si es así y se encuentra, seguramente la llevaré al museo. Por aquellos años se acabaron cerrando las instalaciones de mantas, que ya llevaban años agonizando en Antequera.

Pero no ha sido así: en Granada no tenemos la manta. Me ha preocupado mucho la pérdida de la manta, la última manta de Antequera. No fui en su momento capaz de ponerla aparte y guardada, sabiendo que era la última.

Lo que era la fábrica de mantas El Henchidero, de hijos de Daniel Cuadra, estaba ya casi en ruinas. Menos mal que se acudió a tiempo y se consiguió salvarla, siendo hoy escuela de hostelería, que depende del Instituto Pedro Espinosa. Esto fue una medida más que acertada para generaciones venideras y para las actuales. Allí tenemos el Museo Textil. Se salvó en el último suspiro. Lo que se ha recuperado de patrimonio en Antequera desde la alcaldía del señor José María González hasta ahora es impresionante.

El siglo XVIII fue la época de más esplendor del sector, consiguiendo por parte del rey el uso del título «Real». De estas gestiones con el rey autoriza el mismo a celebrar en el mes de agosto una feria libre de impuestos para beneficiar al comercio local. El título de «Real» a las fábricas de mantas, o «Fábricas Reales», se concede el 7 de diciembre de 1765. Lo que tenía más volumen y más importancia era la fabricación de bayetas. A mediados de ese siglo trabajaban como personas empleadas 1.154. Así pues, tenemos las Reales Fábricas de Lanas, Paños y Bayetas. No estaría de más producirlas para el turismo, un tanto artesanales.

8. LA ERMITA DEL CERRO DE LA CRUZ

Estoy aprendiendo a andar. Desde primeros de enero de 2019 paseo por Antequera.

En los primeros días quinientos metros, un desastre, y parando para tomar aire; ahora hago ya seis kilómetros casi todos los días, salvo los que estoy muy desganado. Los controlo con la *app* del móvil, Runtastic, que me habla en inglés.

Hoy he subido cuestas. He llegado a la ermita de la Cruz, al cerro de la Cruz, por una calle empinada impresionante. Eso sí, parando de vez en cuando. Me ha costado trabajillo y, como siempre en los paseos, observo personas, fachadas de casas, de una sola planta y de dos.

Hay ya una carretera que va desde la urbanización La Quinta al cerro de la Cruz. Es de no hace mucho tiempo atrás, es nueva. No he pasado aún por la misma, solo la veo desde arriba. Iré por ella pronto. Al tener un buen acceso, sería bueno que fuese mucho más utilizada y la ermita, puesta más en valor como destino turístico. Conocía la antigua ermita y cómo la fueron poco a poco desmantelando hasta quedar solo unas paredes. Después me llevé la alegría de que se hacía nueva, con el modelo de antes. Llena un poco las baterías del alma. En fin, en todos estos temas creo que intervino mucho el alcalde

Jesús Romero, especialista en temas patrimoniales. En general, todos los alcaldes de Antequera en estos últimos cuarenta años lo están haciendo muy bien, bajo mi percepción. Antequera ha dado un vuelco importante. Ahora tenemos como alcalde, en tercer mandato por mayoría absoluta, a don Manuel Barón, del PP. En las alcaldías se vota mucho a la persona por su cercanía y, bueno, salir por mayoría absoluta es signo inequívoco de que los antequeranos están muy contentos con él y su equipo y se están haciendo muchas cosas. Con la alcaldía es claro que se vota a la persona, no al partido, y el trabajo del equipo del señor Barón es palpable, así como la transparencia.

Desde arriba se ve la ciudad de Antequera completa, abajo y más redonda que nunca, incluso más pequeña y compacta. Girando 180 grados, una bonita vista de la impresionante vega de Antequera. Aunque hay un horario de visitas y yo voy fuera del mismo. De todas formas, como sitio es magnífico por sus vistas. Teóricamente es un sitio estratégico para un restaurante. Otra cosa es que después hubiese público para mantenerlo abierto.

Las viviendas colindantes son, probablemente, del barrio de menos renta de Antequera. Sus calles están limpias, si bien hay que cuidarlas un poco más. Pero hoy día, que hemos perdido las vistas de la vega desde el Corazón de Jesús, con árboles por delante, esto no ocurre en la embellecida ermita de la Cruz. Es una atalaya ideal. Desde su altura se dominan todas las direcciones, la ciudad y la vega. La mirada se pierde y la mente viaja.

Sí, es un sitio para potenciar, para visitarla y ver sus vistas. Necesita promoción, visitas de turistas. Es un sitio para ir, para observar paisaje, mirar; un sitio para tener *souvenirs* y recuerdos, donde quizá deban acercarse algunas procesiones de Semana

Santa como lo hacían hace varios cientos de años; un punto para promocionar, para extasiarse con las vistas, para tener allí un restaurante y también un museo. Y una sala de proyecciones con vídeos de Antequera, donde relajarse y descansar culturizándose.

En el cerro de la Cruz se instaló inicialmente el infante don Fernando para el asalto a la alcazaba, aunque después, al poco, cambió para poner el real cerca del castillo, pero fuera del alcance de las ballestas, donde hoy está el Colegio del Carmen.

Atalaya del cerro de la Cruz. Potenciemos el mismo. Mucho se ha hecho en Antequera y mucho falta por hacer. Aunque lo que falta por hacer, cuando se hace, aparecen nuevas cosas que faltan por hacer. Es como el horizonte: está al fondo y, cuando andamos al horizonte, pues nos encontramos nuevos horizontes a medida que andamos.

9. LA REPRODUCCIÓN GANADERA

Martes, 9 de abril de 2019

Andando, andando, callejeando, se va pensando. Hoy he visto al hijo de una persona que conozco. No mucho, pero bueno; sin conocernos mucho nos conocemos. Le pregunto por su padre y me contesta más o menos: «Lleva tres o cuatro años jubilado y está desesperado de aburrimiento. Claro, como siempre ha estado trabajando y trabajando, no ha hecho otra cosa, siempre pensando en lo mismo, pues ahora está como está, con un problema encima de aburrimiento jubilar grave. No sabe qué hacer, todo el día aburrido».

A mí me pronosticaban algunos amigos y algunos conocidos lo mismo y se han equivocado plenamente. Lo paso en grande con esto de la jubilación. No me aburro nada. Tengo la ventaja de que leo y aprendo y me falta tiempo. Creo que incluso soy feliz. Sinceramente, estoy triunfando en mi jubilación.

Hoy he estado leyendo algo sobre inseminación artificial y fecundación *in vitro* y la mente, mientras paseo, se me va por estas reflexiones. La verdad es que me siento cansado y solo ando cuatro kilómetros.

Hace años, con Acorex (Extremadura), me llevaron a un centro de reproducción de lechones ibéricos. Allí a un verraco le paseaban delante algunas hermosas cochinas y después a alguna se la ponían delante.

El verraco, ya entrado en situación, se lanzaba hacia la cochina, pero la apartaban y en su lugar ponían un artilugio de madera, sustituto de la cochina. Ya en esta situación el verraco eyaculaba. Todo esto me llamó la atención. Las personas que allí había eran en su mayoría mujeres, que, con sus guantes, recogían el semen del verraco de la bolsita que previamente le habían colocado y en un recipiente lo llevaban al laboratorio. Y de una sola eyaculación sacaban no sé cuántas dosis, creo que trescientas, para dejar embarazadas a muchas cochinas. Algo así como que, por ejemplo, con uno o dos verracos es suficiente para preñar a 2.000 cochinas al año.

En el ganado vacuno parece que un macho puede, de forma natural, dejar embarazadas a cien vacas al año, pero por inseminación artificial teóricamente a 14.000 al año, según leo en alguna revista. Hace unos años vi una enorme explotación de vacas lecheras en la provincia de Lérida, más de 8.000 en una sola finca. Y machos, pues poquísimos. Tres o cuatro.

Bueno, estas prácticas en los animales se vienen haciendo normalmente en vacas, ovejas, cerdos, caballos y algunas especies más, supongo. En estas especies pocos machos hacen falta. Me refiero a que con muy pocos es suficiente para un enorme número de hembras y una descendencia numerosísima. Por ello, cuando se pide un chuletón de buey, pues es mentira. Por lo general, es de vaca; bueyes quedan pocos. No son necesarios más bueyes.

Por otra parte está la fecundación *in vitro*, es decir, el óvulo y el espermatozoide en laboratorio, formando un embrión para insertar, mediante una fórmula de gestación subrogada, aunque no es esta la que se practica en ganadería. A casi menos doscientos grados estos embriones, espermatozoides y óvulos pueden conservarse por tiempo indefinido.

En fin, una ternera se puede desarrollar dentro de un siglo con un embrión de ahora. Dentro de dos siglos también. Impresionante. Pues seguro que las cosas en la especie serán muy diferentes.

Todas estas cosas dan que pensar y mucho. Claro, yo no veré nada porque lo que queda de mi proyecto existencial es claramente corto, a la vista de la edad que tengo, pero los avances técnicos, la tecnología, vuelan de forma descomunal. El mundo es lógico que siga dando vueltas y vueltas y si ahora se habla de que tenemos 8.000 millones de años, pues que siga dando vueltas otros tantos. ¿Cómo será el mundo a larguísimo plazo?

Fascinante pensamiento. Me refiero no a treinta años, sino, por ejemplo, treinta siglos, que no es nada. O mucho más. Cualquiera sabe.

Hoy mi hijo José, que no es ningún principiante, viendo instalaciones industriales me comenta de una visita después de un *revamping*; es decir, una actualización técnica de una fábrica, en la que los robots ahora hacen todo de principio a fin. Todo el proceso productivo, salvo la carga de camiones, que necesita ya un carretillero. En fin, lo que vengo a decir es que un ejercicio obligado es pensar mucho en el futuro e investigar bastante para ser en tecnología una nación avanzada. Parece que estamos empezando a entrar aún más fuerte en una competición tecnológica y hay que estar en esa carrera, más que chupando rueda, de porvenir más incierto. Construyendo ahora el futuro. El futuro se construye en el presente. La tecnología suprime puestos de trabajo y la población crece. Bueno, seguro que habrá fórmulas para vivir mejor que ahora. La situación se invierte, pues la desproporción de puestos de trabajo con el crecimiento de la población hará crecer el desempleo, el porcentaje. Pero habrá, evidentemente, salidas dignas en otro tipo de industrias nuevas. Básicamente industria del ocio, industria para evitar el aburrimiento, grave enfermedad. Por ello, cuando los políticos hablan de crear empleo sonrío. Los políticos no crean empleo, lo crean los empresarios. Los políticos, en todo caso, lo mejor es que no pongan demasiadas pegas y objeciones para que los empresarios no se vayan a otro lado. Cosa que ocurre en la actualidad: la lentitud burocrática. Yo de ello puedo escribir un libro con las experiencias personales, muy variadas, que me ha tocado vivir. Creo sinceramente que la Administración más bien lo que produce es cerrar empresas, que no crearlas, y no lo digo de forma baladí. Pero, en fin, este es otro tema.

Tenemos poquísima industria en Andalucía. Hemos de apoyarla, ayudarla y no perseguirla; es fundamental. Sí, sí, no perseguirla. O más bien disminuir la presión. Y esto no es baladí. Lo digo con mucho conocimiento de causa.

Anticiparse al futuro es un buen ejercicio. El futuro no viene; el futuro tenemos que inventarlo, hemos de diseñarlo. Después, lógicamente, puede pasar cualquier cosa. Por imprevista que sea.

10. VISITA AL MUSEO DE LA DIPUTACIÓN EN ANTEQUERA

Martes, 9 de abril de 2019

Hoy veo de nuevo, ya por tercera vez, la azotea del *parking* de calle Diego Ponce. Es un sitio estupendo al estar en el centro de Antequera. El panorama en todo su alrededor es embriagador, impresionante, todo bien señalado y explicado. Hablo con su gerente, señor Manuel Carmona. Es un sitio para visitar una y otra vez.

Voy al Museo de la Diputación. El hecho de que de casa modélica haya pasado a museo es un poco objeto de alguna polémica. A mí me parece bien que sea museo porque una casa amueblada, que es una joya, cerrada no la disfruta nadie. Y el patrimonio es para disfrutarlo y, desde luego, salvaguardarlo.

Abrir el museo por calle Diego Ponce, por el jardín, ha sido una buena idea y que en el solar junto al museo se haga una plaza, como se está construyendo, pues estupendo.

En la visita al mismo quedo un tanto desanimado. Tiene planta baja y dos plantas arriba. La planta baja está vacía y la de arriba del todo es para reuniones. Total, queda de museo la primera planta. No hay ni mucho menos densidad de obras. Más bien pocas y, bueno, varias son fotografías; que son muy buenas, pero, en definitiva, son fotos. Unas fotos con categoría de arte. Pues bueno. Sí, pero no, por lo menos por ahora. Otras son modernistas. No sé, yo diría de ponerlas en otra planta, en la de abajo, y dejar una planta para pinturas al óleo. Y si no hay, pues poner una sucursal del Museo del Prado, lo mismo que la hay en Málaga del Pompidou o del Thyssen. Pero así no sé. No lo veo demasiado atractivo tal como lo he visto. Hay en los grandes museos almacenes de obras que no son expuestas por falta de sitio, tal como ocurre, según he leído, en el Prado. Pues si es así, más vale desempolvarlas y ponerlas en museos secundarios. Por ejemplo, en Antequera.

El patio, si estuviese cubierto de cristal, podría ser también parte activa del museo. Antequera, por su camino de atracción turística, con el aporte que ello supone al comercio y de alguna forma también a la industria, es necesario que tenga más museos. Tres o cuatro más diría yo en primera instancia. Hay patrimonio cultural y hay edificaciones que no es tan caro adaptar. Museo de artes y costumbres populares, museo agrícola, museo árabe, museo cofrade como ejemplos. Y atractivos.

Después he leído que los muebles que tenía esa casa palacio van a ir a la Academia de las Nobles Artes de Antequera, lo cual veo genial. Supongo que será así. Creo que el edificio luce más como museo que como palacio para personajes ilustres, quienes terminan en los hoteles, supongo que por tema de comodidad. Realmente, solo ha estado en dicha casa, que sepamos, una personalidad hace años.

II. HERMANO MAYOR
DEL NIÑO PERDIDO

Jueves, 11 de abril de 2019

Hoy recibo, ya viviendo en Antequera desde primeros de enero, el libro de Semana Santa de *El Sol de Antequera*. Yo estoy suscrito a *El Sol* desde hace no sé exactamente cuánto. Seguramente, algo más de cincuenta años.

Me quedo impresionado por el extra de *El Sol de Antequera*. Son 420 páginas, una obra colosal, gigantesca, una maravilla. He estado viendo la misma aproximadamente noventa minutos y puedo decir, una vez ojeada, que tiene mucho que leer, que analizar, que ver. Imagino el trabajo que habrá costado su confección, algo tremendo. Mi modesta enhorabuena ante este impresionante trabajo de *El Sol de Antequera*, creo que imposible de superar. Es la cúspide de la información en este año que coincide con el centésimo extra de *El Sol de Antequera* con motivo de las fiestas mencionadas.

Lo dejo a mano para dedicarle horas al mismo.

Ahora desconozco un poco, porque también lo tengo ya en otra dimensión, pero muy buena la revista *Pregón*, de la Cofradía del Mayor Dolor, que compré ayer en el estanco de la Alameda. Muy interesante, sin duda. Hace algunos años escribí sendos artículos en dos números de la misma.

Yo fui hermano mayor del Niño Perdido, de la Cofradía de Abajo. Creo que fue en 1965 y 1966. Terminé Perito Agrícola y entré de becario en Amoniaco Español S. A., empresa que era de la Esso Standard Oil de Nueva Jersey. El pariente lejano de mi padre Rafael Sánchez Carmona, jefe de cultivos de Azucarera Antequera en aquellos entonces, fue uno de mis maestros cuando me puse a trabajar, a los veintiún años, de perito agrícola, empezando en Antequera como aporte de Amoniaco Español S. A. a la difusión de los abonos líquidos a la empresa Abonos Berdoy, de tan rancio abolengo.

Se quería rejuvenecer la cofradía y meter en la junta directiva a personas más jóvenes. Y pensaron en mí. Para mí fue un placer. Me nombraron hermano mayor del paso del Niño Perdido, una distinción importante. Una deferencia que para mí era un orgullo.

La cofradía estaba pasando por mal momento. La iglesia estaba en malas condiciones de mantenimiento y, además, con peligro de ruina y de que se perdiese tan magnífico patrimonio. Tengo algunas fotos en blanco y negro como hermano mayor.

Sí recuerdo mucho al señor Enrique Guzmán, que trabajaba en Abonos Berdoy y que, si mal no recuerdo, era un miembro destacado en la cofradía. La mente se me diluye después de tantos años.

Era difícil encontrar hermanos para llevar el trono en aquellos tiempos, localizar hermanacos, pues faltaba más o menos la mitad. La otra mitad eran los de siempre. Era un tema complicado completar el trono, era un problema en aquellos tiempos. El trono era de madera y llevaba menos hermanos; pesaba mucho. Se planteaba ante el problema que probablemente habría que recurrir a su contratación.

Después de la Semana Santa había una comida con los hermanos de cada paso. Cada paso la hacía por separado. La mía fue (al menos la recuerdo) una vez en Pura Valle. En dicha comida tenía a mi padre a mi lado, como es normal en este acto. Yo tenía veintitrés años cumplidos y me preguntó si yo tenía pensado casarme con Trini. Le dije que por supuesto y me preguntó que, teniéndolo yo claro, a qué esperaba. Ella se había quedado sin madre y, en fin, aquella misma tarde, ya por la noche, hablé con Trini. Hablamos y hablamos y fijamos la fecha de la boda en septiembre.

La comida a los hermanacos la financiaba el hermano mayor. Es decir, yo, que ganaba de becario en aquellos entonces 9.500 pesetas mensuales. El importe de la comida no sé cuál era, pero, posiblemente, el importe de la nómina de tres meses. Tampoco el negocio de mi padre atravesaba buen momento.

También el día de la salida del paso había un refrigerio previo, en este caso en casa de mis padres, y después ya salíamos para ir a un punto determinado y de allí salir la armadilla. Me parece que era desde la casa de don Isidro Montoro.

Ya durante el recorrido había una parada larga, demasiado larga creo yo, donde se aprovechaba para que cada hermano tomara un bocadillo, también financiado por el hermano mayor. Esta parada realmente descomponía el desfile de los pasos de alguna manera y se creaban espacios desoladores entre uno y otro paso. Muy diferente a la buena organización actual.

Como ya me casé y mi trabajo estaba en Sevilla, me era imposible continuar de hermano mayor por muchas razones. Una porque estando allí era difícil poder coordinar el localizar hermanacos para llevar el trono. En aquellos tiempos las carreteras no tenían nada que ver con las de ahora. Ni la telefonía.

Tenía que venir a juntas de gobierno de la cofradía y no podía por cuestión de trabajo. Estaba recién entrado en la empresa. Y después, como factor principal, el económico. Vivíamos en un piso alquilado, que era la mitad del sueldo; un coche Citroën 2 CV, pagado a plazos; una televisión en blanco y negro, pagada a plazos… En fin, no tenía ni un céntimo. Nada. Y la situación no tenía, a corto plazo, visos de mejora, sino más bien de empeorar económicamente (vamos a decirlo así) con el aumento de familia. A los dos años teníamos un hijo y una hija; el tercero vino después.

Entonces no tuve más remedio que renunciar, lo cual estaba fuera de mi ánimo y de mis deseos, pero no tenía dinero ni para pagar la gasolina y desplazarme a Antequera a las juntas de gobierno. En fin, estaba pillado por todos lados y tenía mucha falta de tiempo. Lo sentí mucho; era una decisión que no me gustaba nada, pero no tenía otra opción. Me hubiese encantado haber seguido siendo el hermano mayor del Niño Perdido y seguir de forma permanente, siempre.

Yo he deseado vivir en Antequera y no fuera, pero mi padre quería que estudiara porque los negocios iban mal, eran difíciles, y él, que no había estudiado (no había tenido opción), quería que sus hijos por encima de todo lo hiciéramos. Después, bueno, la vida viene como viene y, en definitiva, el trabajo te obliga a ir donde está el mismo. Los que no estudiaron más es porque no les gustaba el estudio y se negaron.

Tendré que buscar las agendas de entonces. Creo que tendré, probablemente, más información al respecto.

Sí recuerdo bien que la ropa de hermano mayor me llegaba un poco por debajo de las rodillas y que hubo que comprar terciopelo y, de alguna forma, poner un añadido a la misma, que quedaba… vamos a decir regular.

Sí recuerdo que mi padre tenía mucha satisfacción de que fuese hermano mayor tan joven y siendo perito agrícola. A mi padre le daba mucha alegría. En aquellos años eran pocos los que estudiaban fuera de Antequera; había muchísimas menos opciones. Era caro y para ello los padres tenían que hacer un importante sacrificio económico.

En aquellos tiempos, que eran de cierta necesidad, había hermanacos que lo eran porque había una comida gratis, más los refrigerios del día de la salida de los pasos. Otros muchos, por supuesto, no llevaban el paso por ello, pero otros sí. Hoy los tiempos, por lo que se me cuenta, han cambiado como de la noche a día.

También a los capiruchos había que invitarlos el día de la salida por cuenta del hermano mayor. Eran otros tiempos y comer y beber era caro. Era una cantidad importante y la cofradía no tenía un duro, no tenía nada. Estaba en la ruina.

Y lo más desconsolador que yo sufría era que en unos desfiles procesionales con tanta tradición, con tanto valor artístico, hubiese en muchas calles escasísima presencia en aquellos tiempos nada fáciles.

En fin, años jóvenes, ya lejanos, pero que están ahí. Cuando veo al Niño Perdido, como lo he visto en su templo, todos estos recuerdos se me amontonan en la mente. Y procuro verlo, aparte de en la calle, detenidamente en su templo, en la mañana antes de la salida en procesión.

12. HERMANACO DE LOS ESTUDIANTES

Sí, tuve ese honor. Estaba estudiando en el Instituto Pedro Espinosa. No sé el año exacto, quizá 1960. Un grupo de estudiantes promovió sacar el Cristo Verde de la iglesia de San Zoilo. Eran del mismo curso y fui con ellos. Yo no era promotor del grupo o de los que de alguna manera movían el tema. Yo más bien era un miembro del grupo de colaboradores.

De esto hace más de cincuenta años y después he estado en otros temas, que me han tenido ocupada la mente al cien por cien. Solo me acuerdo de algunos temas puntuales.

La primera vez que fui a la iglesia, que permanecía cerrada, fuimos un grupo, no sé, de veinte estudiantes por dar una cifra. La iglesia estaba en lamentables condiciones de mantenimiento, también semirruinosa, tendiendo a la ruina, y quedé sobrecogido, muy impresionado por tanto esplendor y tanto abandono. En los altares no estaban los santos.

Entramos en la sacristía y allí estaban los santos, de pie sobre el suelo; es decir, como si fuesen amigos y estuviésemos en una reunión. Me pareció tener la sensación de que vestimentas de los mismos, muy antiguas, metidas en cajones de muebles de la sacristía, podían ser fácilmente robadas por algún desaprensivo que no valorase semejante tesoro. Era una reunión de imágenes de santos.

Recuerdo el papel fundamental del *alma mater* de poner la cofradía en marcha, Federico Anglada Vilanova, ya fallecido el año pasado y a cuyo entierro no pude ir, aunque no lo había visto desde entonces. Era una persona muy preparada, muy responsable, y yo tenía cierta admiración por él. También conocía bastante a su padre y había estado alguna vez en su casa. Es lo que tengo en la mente. Como hace tantos años, a lo mejor las cosas fueron algo diferentes. Es la imagen que mantengo.

Yo la sensación que tenía era que, en general, había poca confianza en el público de que aquello tuviera cierta longevidad. No se confiaba para nada en los jóvenes estudiantes en cuanto a continuidad y yo creo que los antequeranos pensaban que era un capricho pasajero. Había una carencia total y absoluta de medios y se consideraba que era un tema por un día de los estudiantes, pero que lo olvidarían pronto. Yo recuerdo la estampa de barrer la iglesia, que lo hacíamos entre varias personas, yo entre ellas, para adecentar la misma para el Lunes Santo. Y también tengo en la memoria estar en reuniones, en sitio que no sé ubicar, donde se hablaba de la hora, recorrido y demás detalles. Bueno, la iglesia estaba en fatales condiciones de mantenimiento. La cantidad de polvo acumulado era impresionante. Era desolador el panorama.

No había dinero para nada. Desde luego, no había dinero para vestir a los hermanacos, así que traje oscuro y alguien tuvo la brillante idea de la banda verde. Tampoco había dinero para comprar trajes de capiruchos, así que no había tales, pero sí «estudiantas», como se diría ahora, vestidas de mantilla. Toda una labor gigantesca en todos los órdenes. Hoy, cuando voy a San Zoilo, la iglesia más antigua de Antequera, y la veo cuidada y bonita me da bastante alegría. Para mí que los estudiantes la salvaron (o la salvamos, me incluyo), una gran cosa. En aquellos tiempos tantas iglesias se veían como un lastre. La pregunta era: ¿para qué queremos tantas iglesias?

Después, como me fui a Sevilla a estudiar, no podía seguir en la cofradía, pues había reuniones y trabajo donde no podía estar. Tenía que centrarme en lo de estudiar y, afortunadamente, había mucho interés en muchos en ser hermanacos.

Andando, paseando por calles, se me vienen a la memoria recuerdos como estos y otros muchos, de los que guardo fotos en blanco y negro, como eran las de entonces.

Puedo decir que estuve en el nacimiento de la Cofradía de los Estudiantes. Después, al salir el Lunes Santo y yo trabajar ese día, no he visto la misma durante muchísimos años. No lo sé, quizá en estos últimos cincuenta años una vez. Y al menos hace treinta.

Por ello tengo mucha ilusión en verla este año, ya que desde el 1 de enero de 2019 estoy en Antequera y realmente tengo cierto anhelo de ver a la Cofradía de los Estudiantes y también, después, el martes, al Rescate.

El Rescate cuando niño fue cuando empezó a salir y desde el primer día ha tenido mucha gente en la calle, mucha devoción. Las estampas del mismo son de hace más o menos cincuenta años y recuerdo saetas en la Cruz Blanca, desde un balcón, por la Niña de Antequera.

Mi abuela Carmen, que vivía en la Cruz Blanca, al otro lado de la iglesia, le tenía mucha devoción al Rescate y al Consuelo. La casa estaba «de punta en blanco» esos días, si bien todo el año estaba muy cuidada. Era ella limpia y presumida, en esos días mucho más, como una semana de acontecimientos excepcionalmente importantes.

San Zoilo, una joya recuperada de inmenso valor. Un poco más, solo tres o cuatro años más para intervenir y hoy no la tendríamos. Los estudiantes sin dinero y buscando el mismo la mantuvieron hasta que ya hubo, vamos a decir, una acción más intensa de mantenimiento.

Vi a la cofradía en la calle este año, también en la iglesia. Mucho orden, muy bien, mucho personal viéndola. Me emocioné con su paso. Lo de mecer los pasos fue una novedad en Antequera, que empezó con la Cofradía de los Estudiantes y que por entonces rompía la tradición, pero se ganaba en belleza.

13. EL COBRE DE CALLE LA VEGA

Estuve con Trini en una reunión del Club de Leones en el casino de Antequera. Estaban a mi lado Pedro Molina, al que conozco de toda la vida; y su señora, María Jesús, la cual vivía en calle la Vega, una bocacalle de calle Merecillas, donde yo vivo.

Recordamos aquellos tiempos en la calle la Vega. Estaba la iglesia de San Isidro, que fue lamentablemente demolida. No era muy grande y supongo que el criterio del obispo, por el cual actuó, era que había demasiadas iglesias e hizo un paquete de demoliciones, tema bastante triste. No estaba ruinosa ni mucho menos, estaba bien. En el mismo edificio tenía su vivienda el cura párroco. Dicen que Antequera es la población con más iglesias de España.

Realmente, el diseño de Antequera fuera de la muralla de la población árabe reservaba, en un buen trazado, áreas importantes para conventos, con su iglesia, su huerto y mucho espacio; y para casas palaciegas de la nobleza conquistadora, igualmente amplias y con su huerto, en este caso sin iglesia. Para que nos hagamos una idea del espacio, vamos a pensar en un tamaño medio de no menos de 10.000 metros cuadrados cada una. En los huertos se instalaron viviendas en numerosos casos y en otros disminuyó la superficie de los mismos.

En la calle Carreteros, arriba, subiendo a la derecha, había una iglesia no muy grande. Parte del solar es una pequeña plaza y otra parte, un bloque de pisos.

Había una capilla en calle Estepa, frente a San Juan de Dios, que también pasó por la piqueta. Fueron varios casos, todos simultáneamente. Seguramente, el obispo pensó que así se evitaban gastos y se hacía un poco de caja con la venta de solares. Por otro lado, se perdía un maravilloso patrimonio. Creo que el arte debe prevalecer sobre la economía. Es la historia lo que aporta el arte. Es vida. Debe no ser atacado en guerras y es terrible la incultura de su destrucción. Es un crimen cultural.

Y ya no hablo solo del religioso, sino también del industrial y del costumbrista. Cuando observaba aquello, algo en el corazón se me rompía y pensaba en la horripilante decisión adoptada, de forma terrible. Y en mi cabeza no llegaba a comprender este tipo de decisiones.

En la iglesia de San Isidro, que era parroquia, conocí al padre Miguel. Era muy joven y dinámico, toda una revolución. Visitaba más o menos uno a uno a todos los parroquianos. Era muy amigo de mi padre, con el que más de una vez se tomó unas cervezas, y lo convenció para que hiciera unos cursillos de cristiandad, confinado durante siete u ocho días en Málaga, en recinto adecuado al caso. Volvió mi padre que parecía otro.

A mí me asombraba la agilidad que tenía el padre Miguel. Se ponía a correr con la sotana recogida y era más que imposible alcanzarle. Era un verdadero atleta. Y se tomaba más de una cerveza con los amigos. Era un cura moderno en aquellos tiempos, que rompía los moldes tradicionales. Lo recuerdo perfectamente. Su cara la tengo grabada en mi mente.

Me recordaba Pedro Molina cómo el día de San Isidro en la calle la Vega adornaban las fachadas de las casas, colgando en las mismas fachadas enseres de cobre. Era una imagen que tenía perdida en el disco duro mental, pero que cuando él me la comentó afloró del fondo de los recuerdos.

Pedro y María Jesús viven en una casa de la bocacalle sin salida de calle Duranes. Compraron la misma hace muchos años. Era de nueve o diez herederos y fue mi cuñado Gabriel quien los puso a todos de acuerdo para la venta de la misma, cosa que consiguió, me comenta Pedro. Pedro y María Jesús la echaron abajo posteriormente y la hicieron nueva. María Jesús vivía con su familia en la calle la Vega.

Pienso que calle la Vega a lo mejor se llama así porque desde su parte más alta podría verse la vega en todo su esplendor. Hoy ya no por las construcciones habidas.

Recuerdo el día de San Isidro. La calle la Vega refulgía como el oro con todo el cobre colgado en las fachadas de sus casas. Era una imagen espectacular, muy llamativa, impresionante, maravillosa. Cuando demolieron la iglesia se perdió para siempre la costumbre, probablemente de muchos años, de poner los cacharros de cobre que todos tenían colgados en la fachada. La calle tomaba un gran ambiente de paseantes. Paseantes de arriba abajo de la calle, cuyos ojos brillaban con el refulgir del cobre, haciendo a las mujeres más guapas si cabe. Y venta de gaseosas metidas en barreños con nieve. Un espectáculo visual, alegre, donde el alma despertaba y la ilusión crecía. El brillo del cobre contagia a las personas, las hace brillar; el brillo del cobre encierra muchos siglos de tradiciones. Lucían como soles. Ese día daba, por lo visto, mucho trabajo su limpieza; por ello hoy se utiliza poco, aunque hay limpiametales muy eficaces. El cobre decora de maravilla; el cobre es como una lámpara, pero sin recibo eléctrico; el cobre es un sol casero. Era un buen sitio para buscar novia el que no la tenía y pasear «ligando», es decir, hablando con algunas y, de paso, comer pipas de girasol, que te las servían no como si fuera oro, en minibolsas como ahora, sino a granel y sin escatimar.

En aquellos tiempos Juanillo el de la arena pregonaba por las calles: «Tengo arena *branca* y *cororá*». La llevaba en un saco, tipo mochila, y en una lata. Llenaba la misma, a guisa de medida para su venta, y en las casas la arena con zumo de limón y dale que te pego con el cobre. Hoy ya hay muchos productos efectivos para limpiar el mismo. Juanillo iba «a los pinos» todos los amaneceres a por arena, andando, y venía con ella cargado. Un trabajo ímprobo. Y vendía, vendía bastante. Si algún día faltaba su pregón por la calle, la pregunta de todos era de inquietud: «¿Qué le habrá pasado a Juanillo?».

La calle la Vega, qué bonito espectáculo con las fachadas cuajadas de cobre. Habría que reiniciarlo. Habría que desempolvarlo y recuperar esta estupenda tradición, la tradición que aumenta los lazos entre el vecindario, el hacer más solidario al personal de las calles, que alcanzaba su culmen por la noche, con las sillas en la calle, «tomando el fresco». No era necesaria la televisión; las relaciones sociales nocturnas la sustituían con maravillosa eficacia. Hoy se toma el fresco delante de la tele, con el aire acondicionado, y nos vamos aislando poco a poco, hablando solo con nosotros mismos. Hablar con los demás es una necesidad vital. No podemos vivir en una cárcel que nosotros mismos creamos, sino en una sociedad que comparte experiencias.

14. ¡ANTEQUERANOS, ENGALANAD LOS BALCONES!

Domingo de Ramos, 14 de abril de 2019

Trini no sale; le duele la espalda. Le he dado un poco de masaje con crema en una pierna, que le duele mucho. Ahora he vuelto y está dormida.

He ido cerca, a calle Cantareros, a ver la Cofradía de la Pollinica con sus tres tronos, la primera en Antequera. Antes he visto el desfile de la armadilla y he quedado gratamente impresionado. Mucha limpieza y mucho orden. Se aplican modernos métodos en los desfiles procesionales.

La calle Cantareros, muy animada. Sobre todo, de gente menuda.

Miro las fachadas de los edificios y las ventanas permanecen cerradas y, por supuesto, los balcones sin estar vestidos del color morado propio de estos días. Y veo durante el día numerosos turistas. Se les nota a muchos a bastante distancia, lo cual me parece estupendo.

Yo creo que la Semana Santa no desaparecerá nunca. Entiendo que los años en los que eso se podría cuestionar son historia. La Semana Santa, la mayor del año, no es un tema solo para creyentes. Es para todos. Así debería ser enseñado en colegios, porque en la Semana Santa los cristianos son una parte, pero no tienen por qué polarizarla ni mucho menos. Seas o no creyente, la Semana Santa es muchas cosas más. No hay que ser creyente para disfrutar la Semana Santa y quizá este tema no se tenga claro.

Es un patrimonio no inmobiliario de los españoles. Concretamente, en Antequera hay cofradías que dentro de tres o cuatro años cumplen cuatrocientos años. Cuatrocientos años. Son muchos años con cientos de historias de todo tipo: de años sin salir, de años de guerras, de años de penuria, de años de alegría… Muchos años. Y tantos años, una tradición tan larga, merecen que la cuidemos y colaboremos con ella, que se mantenga eternamente. Es un valor importante.

La Semana Santa, como dijo nuestro alcalde en una conferencia que le escuché hace tres o cuatro semanas, tiene su estilo propio, diferente, distinto, peculiar o característico. El estilo antequerano, que no debe cambiar. Estas cosas deben enseñarse en los colegios. Las cofradías deben dar al menos una o dos clases sobre la Semana Santa en los colegios. Es necesario que desde niños esto se sepa y se tenga claro. Y que no se les explique lo contrario. Bonita conferencia.

Es una riqueza turística que da ingresos a la ciudad, en la cual los hoteles se llenan, los restaurantes también y los turistas compran recuerdos y alguna cosa más que puedan ver bien. Bueno que ingresen en la ciudad dinero y actividad. Son unos ingresos para «Antequera S. A.» que, en mayor o menor medida, a todos vienen bien.

¡Antequeranos, imponeos como obligación salir a la calle en Semana Santa! Salid de las viviendas, poneos en lo posible elegantes, salid a la calle, hablad con la gente, salid de los cobijos y respirad el aire antequerano de Semana Santa. ¡No seáis tan pasivos, hombre! Es una semana muy buena para Antequera en todos los aspectos. Aunque se sale bastante, la Semana Santa se merece mucho más. No os quedéis apalancados viendo la televisión mientras los pasos están de forma real a pocos metros. Para ello tenéis muchos días más. Son días de salir a la calle, son días de fiesta y de disfrutar la misma. Y de ver las cofradías de forma directa y no por internet o en televisión cuando pasan realmente a pocos metros. No importa que seáis cristianos o no. La Semana Santa es para todos.

¡Antequeranos, abrid los balcones! Que entre aire limpio en Semana Santa, cuando pasen las procesiones. Y poned los balcones cubiertos de tela de color morado; es el respeto mínimo que se merece la misma. No pongáis los balcones con una tela con el Niño Jesús pintado comprada en los chinos. No dejéis cerradas las viviendas a cal y canto, las persianas echadas, que parece que es una ciudad muerta. ¡Abrid los balcones! Vuestra aportación en esto dará más valor y esplendor a nuestra Semana Santa. Y no salgáis huyendo para la playa; disfrutad nuestra Semana Santa, creyentes o no. Un Jueves Santo, cuando tenía catorce años, viendo una procesión, la del Consuelo, en calle Lucena conocí a Trini.

Abriendo los balcones si entra un poco de frío no pasa nada. Que haya puertas abiertas en las casas ante el paso de las procesiones. Nada de cerradas y persianas echadas.

En las ciudades modernas, en los edificios grandes, a veces no se conoce ni a los vecinos que habitan pisos en la propia planta y a señores con los que coincides en el ascensor. Todo lo más un «buenos días» y se acabó. Mucho móvil y mucha televisión y poco de relaciones sociales, salvo un pequeño ramillete de personas por aquello de no estar absolutamente solo. Es bueno hablar con los demás, cambiar impresiones, aprender, relacionarse, convivir. No vale decir «es que no me gusta la Semana Santa» y chorradas de ese tipo. La Semana Santa es de todos, una semana de fiestas, una semana de arte, una semana social y, para los creyentes, una semana de oración, aunque se pueda estar rezando todo el año.

15. PROYECTO HOMBRE EN ANTEQUERA

No quería dejar de mencionarlo. Mi hermana Mely me habla continuamente de ello y durante muchos años. «Pepe —me dice—, no te puedes imaginar los profesionales que trabajan *full time* en el mismo, dedicando todas las horas del día y más, con unos sueldos básicos, y el empeño y la implicación que tienen en su trabajo y los desvelos del mismo». Es un tema quizá un tanto desconocido en Antequera por aquellos a los que no les afecta y tremendamente humano.

Mi hermana Mely colabora desde hace muchos años. Es un trabajo altruista, al que dedica cierta porción de tiempo. «No dejaría Proyecto Hombre por nada del mundo —me comenta—. Me hace sentir útil a los demás, me hace sentir bien ayudar a los demás. Me da vida esta colaboración. Vivo dichas tareas de forma muy intensa».

Mi hermana adora a la directora, señorita Marisa: «Pepe, se desvive. Vive superintensamente su trabajo. Tiene multitud de problemas. Hay uno muy grave, que es el económico. Es muy difícil». Por lo que he entendido, subvenciones no tiene. Sí tiene colaboradores con cuota, de la que cada uno decide su importe y su periodicidad. Se va más que a duras penas financiando. Es mi hermana una admiradora de la directora y de su empeño y dedicación, que bate la normalidad y entra en la excepcionalidad.

«Te llevaré a verlo y a ver el trabajo. Te impresionará», me comenta.

Hoy he dado una buena alegría a mi hermana Mely. Hoy, Domingo de Ramos, ha venido a casa y trae el impreso para darme de alta en Proyecto Hombre. En definitiva, como colaborador para pagar unas cuotas. La cara se le ilumina y se le saltan las lágrimas. «Muchas gracias por colaborar», me dice emocionada.

«Me encuentro muy feliz colaborando en dicho proyecto —comenta una y otra vez—. Me siento útil al ver que puedo ayudar y hacer cosas buenas para los demás». Y aprovecha: «No te digo lo que debes aportar económicamente, pero debes hacer el esfuerzo que te sea posible. Hace falta».

Yo he pasado por la puerta de las instalaciones, en el polígono industrial. Son alquiladas, según tengo entendido, y bastante buenas. Además, tienen cedido un edificio dentro del convento de Capuchinos. ¿No hay en Antequera un edificio de la Administración que se le pueda ceder gratis y ahorrar el alquiler?

Iré a visitarlos; lo que están haciendo sé que es mucho, me lo comenta muchas veces, curando adicciones y otras muchas más actividades. Hay que ayudar. Cualquier día, cualquiera, nosotros mismos podemos tener que ser atendidos en este centro. Lo que les ocurre a los que van allí le puede ocurrir a cualquiera.

Sufro esta tierra, esta tierra «es mía», y a mí ello me aporta un valor tremendo. Hay personas a las que lo mismo les da vivir donde han nacido que vivir en Alemania o en las antípodas y morir lejos. No es mi caso ni mucho menos. Mi alma se agarra al terruño de donde procedo, a mis orígenes.

16. LA INFORMACIÓN DE EVENTOS Y LIBROS DE ANTEQUERA

Antes compraba lo que podía de Antequera en Imprenta Macías, pero el buen amigo falleció y, después de muchos años abierta, se cerró. No se ha alquilado aún y permanece cerrada en abril de 2019. De la desaparición del mismo, del que me acuerdo bastante, quizá hayan pasado tres años, no lo sé exactamente. Es una pérdida que me dolió. Lo consideraba un amigo de ir a comprar durante años, de su buen hacer, de sus silencios y los míos.

Eran curiosas mis visitas periódicas a Macías. Hablábamos muy poco, tipo telegráfico, pero suficiente, siempre con su señora a su lado. Me acercaba a las estanterías y miraba lo nuevo en la parte dedicada a Antequera. Eran conversaciones maravillosas, porque tener una conversación prácticamente sin hablar entra dentro del capítulo del arte.

Voy a Papelería Aragón y compro lo que van teniendo allí. También iba antes; pero, en fin, no sé. Habría que ver de libros agotados publicarlos de nuevo, lo cual requiere una inversión, almacenamiento y venta a largo plazo, sin duda, pero no estaría mal que se pudiesen comprar libros que se escribieron y se agotaron. Para mí eso es importante: leer de Antequera, aprender de Antequera y también escribir de Antequera, que lo he hecho, escribiendo dos libros que, igualmente agotados, no se encuentran en las imprentas. Desde luego, escribir un libro de temas locales no es una inversión rentable. Es, vamos a decir, simplemente un gasto, diría que con imposible retorno.

Busco libros de Antequera (me gusta leer de mi tierra) y es muy difícil hacerse con ellos, lo cual no es correcto. Debemos leer todos mucho más de Antequera para entenderla mejor, para comprenderla mejor.

En mi deambular por calles antequeranas leo carteles, no muy grandes, en algún escaparate y sobre todo pegados a puertas de cristal. Uno aquí y otro allí, uno acá y otro allá. Y leo *El Sol de Antequera*, cómo no, así como *La Crónica* y *Las 4 Esquinas*, cuando las puedo alcanzar, y *Viva* cuando topo con dicho periódico.

Y entro en la web de la Real Academia y más de una vez me digo a mí mismo: debería haber una web que se llamase, no sé, por ejemplo, eventosantequera, donde se fuese consignando cada cosa que esté previsto hacer. Así se podría tener la información de los eventos siempre al día y saber todo lo que hay. Porque si la información no llega o es insuficiente, evidentemente nos la perdemos quienes tenemos ganas de aprender. Y otra web, librosantequera. En esto último la Real Academia de Antequera podría intervenir, no lo sé. Es solo una idea.

Ahora, en el primer cuatrimestre, un amigo dio una conferencia muy interesante, muy elaborada, y fue muy poco personal. Estuvo en familia. Esto no puede ser y creo que el problema es que no hay suficiente divulgación al día de los eventos, debidamente estructurada. Aparte, está dispersa. Habría de tener un punto de información unificado.

En fin, lo dejo ahí; otra idea más. A mí me vendría como anillo al dedo. Jubilado, disfruto con los eventos a los que asisto, que ya han sido unos pocos desde que vivo de nuevo en la tierra donde nací, gracias a Dios. Aunque me encantan también todos los sitios donde he vivido, por supuesto, pero esta tierra es la mía y a mí eso me aporta un valor tremendo. Hay personas a las que lo mismo les da vivir en su lugar de nacimiento que en Australia y morir en Australia, por ejemplo. Ese no es mi caso.

17. RECORDANDO A LA SEÑORA BLANCA CEREZO

Cuando paso por la Cuesta de Rojas camino a la plaza del Carmen, dando un paseo para ir por la Bajada del Río hasta San Juan, que es para mí el paseo más bonito de Antequera, paso por la casa del señor José García-Berdoy Regel. En un tiempo, además de vivienda, también era la oficina de Abonos Berdoy.

Por cierto, creo que el despacho central de Abonos Berdoy sigue tal cual estaba, con fotos antiguas y muebles antiguos. Una joya histórica.

Ahora la puerta está cerrada casi siempre. No siempre, pero muy pocos son los días que está abierta.

Soy malo con las fechas. Creo que falleció doña Blanca a primeros de 2018. Sí sé que unos días antes me caí al suelo, un accidente estúpido por mi parte. Había mercadillo en Albolote, mucha gente, y fui con Trini a un kiosco que hay permanente, todo el año, al final del paseo a tomar una cerveza helada, que tiene fama el lugar precisamente por ello.

Aparqué el coche. Entre la calle de vehículos y el paseo hay un murete de sesenta centímetros de alto (o quizá cincuenta), no más, y veinticinco centímetros de espesor.

Me sentí deportista y di un salto. Mi pie, el 47 de calzado, dio con el bordillo y caí de bruces, un buen porrazo. Estas son cosas que solo me pasan a mí. No tengo arreglo.

La cara dio en el suelo y rebotó la cabeza como una pelota. Se me clavó la grava en la cara y me dolía tremendamente una mano.

Todo lleno de sangre, un espectáculo. Vino una ambulancia. Les dije que no quería irme, que me iría a casa en el coche; no me gustan los hospitales. Me hicieron una cura y no quise nada más. Esto con el desacuerdo total de Trini.

Estábamos en un puesto del mercadillo donde venden calcetines y cosas así, de gitanos amables y serviciales. No pudieron ser más cariñosos, imposible. Ellos desmontaron el puesto, pero no se fueron. Se quedaron esperándonos hasta que terminásemos. En fin, cuando ya se fue la ambulancia y tomé el coche, después de salir nosotros se fueron ellos. Trini fue posteriormente a darles las gracias y yo también. Sin duda, muy buena gente. Se portaron muy bien. Mejor imposible. Como venden calcetines, pues ahora me sobran.

Con la cara monstruosa recibo la terrible noticia del fallecimiento de la señora Blanca Cerezo, lo cual para mí fue totalmente sorpresivo. Siempre la he visto tan ágil, tan bien, que no me imaginaba que pudiese morir tan pronto en Madrid, donde llevaba un tiempo, no mucho, pues se había ido a vivir con uno de sus hijos.

Cuando la trajeron a Antequera no pude ir a la misa, en la iglesia de las Descalzas. Estaba fatal, con la cara negra del golpe. En pocos días me desapareció, pero era tremendamente aparatoso. Esos días hice los deberes desde casa.

Cuando paso por casa de la señora Blanca Cerezo pienso en ella y en su marido, don José García-Berdoy Regel, ingeniero industrial, todo un caballero en el más amplio sentido de la palabra, como ella decía y repetía. Mi trato con ellos me hizo llegar a esta clara conclusión igualmente.

Y pienso en algunos empleados de las oficinas, otros se me han difuminado con el tiempo: el señor Antonio Montesinos Hipólito, que fue el jefe de administración durante muchos años, el señor Enrique Guzmán, los hermanos Casaus, etc.

Siempre me viene a la mente el señor José Luis Jiménez Varela, que vivió un tiempo un poco más arriba y después se compró un piso cerca de la calle Toril. Allí, una noche, al cambiar de postura en la cama, en el giro de un lado a otro falleció. Hombre lleno de proyectos, que nunca pudo ejecutar por su temprana desaparición, y muy amigo del señor Telesforo Carpintero, jefe de cultivos de la Azucarera Antequerana y después responsable de la finca Las Lomas (Vejer), con el que he mantenido contacto cuando estaba en activo y estuve en su boda en Sevilla.

Subiendo la cuesta al ir, bajando la misma al volver, recuerdo muy especialmente a doña Blanca. Un día me dijo: «José Luis, anoche empecé a leer tu libro y me quedé embelesada. No me puse a dormir hasta que acabé totalmente de leerlo. Estuve hasta las cuatro de la mañana. Lo leí del tirón». De Antequera tengo publicados dos libros.

Estuvo dos o tres veces en calle Merecillas, comiendo con Trini y con nosotros, y venía con algunas amigas como (en una ocasión, que recuerde) la señora Mantilla, viuda del señor Baldomero Bellido Checa.

Siempre admiré la distinción de la señora Blanca Cerezo. No sé, quizá por ello, de alguna manera, yo haya influido para tener una nieta con el nombre de Blanca. Aunque el nombre de la nieta no lo he puesto yo, pero bueno, de alguna manera a lo mejor sí, diciendo muchas veces que me encanta el nombre.

Sí, yo siempre he apreciado a la familia García-Berdoy, empresarios trabajadores que hacían mucho por Antequera. Ojalá tuviésemos muchas personas de ese corte empresarial. Al empresario hemos de cuidarlo para ir todos mejor. Genera riqueza, da trabajo, aumenta el buen nivel de vida.

Sí, señora Blanca, cuando paso por la puerta y la veo cerrada con los ojos, la veo abierta con el alma. Y contigo dentro, como siempre.

Descansa en paz, apreciada amiga, estimadísima amiga, llena de amplias virtudes y de belleza, ejemplo de equilibrio y de ponderación. Siempre lo has sido para mí, un ejemplo. Y por ello lo digo y en voz alta.

18. CALLE MADERUELO Y DON JUAN ALCAIDE DE LA VEGA

Lunes Santo, 15 de abril de 2019

Hoy he salido muy cansado a pasear. La razón entiendo que es que esta noche pasada he dormido muy poco. Bastante insomnio y para no entrar en luchas con él, supongo, me levanté y me puse a leer y escribir. No he dormido más de tres horas.

Al final he andado, en números redondos, seis kilómetros, según Runtastic. Debe de ser así, pues funciona con GPS la aplicación del móvil.

Adquiero el *ABC de Sevilla* en el estanco de la Alameda. En dicho estanco más de una vez me he topado con Juan Alcaide de la Vega. Es donde iba a comprar la prensa. Después voy a Papelería San Agustín a comprar el último número de la *Revista de Estudios Antequeranos*, que he leído que se acaba de publicar, y veo un libro nuevo: *Cristóbal Toral. La pintura como testigo*. Me animo y compro los dos. Realmente, en el futuro los únicos libros que pienso comprar son los que sean de temas relativos a Antequera. Nunca digo de esta agua no beberé, pero es mi intención. He de ajustarme a la pensión de jubilado.

Paso por calle Maderuelo, junto a la plazuela de Juan Alcaide. Buena idea haber puesto el nombre a dicha placita. Buena idea no haber construido sobre un derribo y haber construido la placita dejando ver parte de un lateral de la hermosa iglesia de las Recoletas. He leído en su obra póstuma que la calle es Maderuelo y no Maderuelos.

La placita es lindante a la casa en la que vivió Juan Alcaide de la Vega, probablemente uno de los cuatro o cinco mejores escritores antequeranos del siglo XX, aunque su obra se extiende también hasta no hace mucho, en el siglo XXI.

Ahora, precisamente la semana próxima, se presenta en el Ayuntamiento un libro, el último de Juan Alcaide, que él no llegó a ver publicado, que lo edita el Ayuntamiento y que entregaron a los asistentes en su presentación, en el Día del Libro. Yo no pude ir a dicha presentación. Voy a ver cómo me hago con él. La próxima semana no puedo ir; me encuentro fuera de España. Veré quién puede ir para adquirir un libro para mí. Al releer esto sé que una persona estuvo en el acto y me lo ha traído. El libro lo he leído, después lo he releído, posteriormente he ido analizando capítulos sin orden. Es un libro que da que pensar. Hablando del tema con la señora Loli Carmona, comentando el mismo, le pasa exactamente lo mismo que a mí.

Siempre he venido haciendo un seguimiento a la obra de Juan Alcaide, desde su célebre libro de gastronomía. Hay uno que no tengo, que es *Paseos por Antequera*. No lo he encontrado. He hablado con su hija y solo tiene su ejemplar. Entonces fui a la biblioteca antequerana y allí estaba; le dediqué toda la mañana. Fue el libro financiado por la familia Gómez Serrano hace veinticinco años. Debería sacarse una segunda edición, en mi opinión.

Yo siempre he conocido a Juan Alcaide; él a mí no. A mi familia sí, vamos a decir a casi toda la familia. A través de mi hermana le pedí que hiciera un prólogo de un libro que iba a salir a la calle, financiado por el Ayuntamiento. Me dijo a través de mi hermana que le mandara el escrito. Lo leyó y le gustó. Entonces me citó.

Fui a su casa. Estuve un buen rato charlando con él de lo humano y de lo divino en su sala de estar, de forma cómoda. Después me enseñó su despacho de abogado, que era un lío de libros por todos lados. Total, tuve dos o tres reuniones con él, me hizo muchas preguntas y escribió el prólogo, que es un lujo en mi discreto libro.

La presentación del libro, *Antequera, otra vez*, estuvo muy bien. Habló el alcalde de entonces, señor Ricardo Millán; después Juan Alcaide de la Vega, cuyo discurso le pedí. Me lo dio y lo tengo guardado y puesto además en mi blog en internet. La presentación fue en el patio de columnas de la biblioteca, el cual se llenó. Fueron algunos compañeros míos, así como el presidente y el vicepresidente de la empresa donde yo trabajaba como gerente, Herogra Fertilizantes S. A. Posteriormente, con algunos grupos de personas que habían quedado al final, así como con algunos amigos, nos fuimos a calle Merecillas, a tomar una cerveza en mi domicilio, cuyo *catering* contraté y salió todo muy bien.

En la presentación de mi libro también hablaron mi hermana chica y mi hermana grande. Brillantemente, como siempre.

Vamos a decir que de ahí nació una relación con Juan Alcaide, al que he tratado y con el que después he comentado y cambiado impresiones en diversos momentos. No sé cómo definirlo. Agudo, observador, pluma ágil, seguro, amigo de la buena mesa, amigo de amigos, gran conversador, analítico, crítico de la vida, admirador de señoras (lo mismo que yo y que tantos), muy culto y preparado. Descansa en paz, amigo Juan.

En mi caminar paro a tomar café en el Bar Central, en calle Cantareros, de donde soy más o menos habitual.

Allí está Javier Cuesta (Fox, padre actual) tomando una cerveza. Yo tomo café.

—¿A estas horas vas a tomar café? —me pregunta—. ¿No es mejor una cerveza?

—Para mí no —le digo—. Llevo muchos años tomando café a las once y media de la mañana y ya soy adicto a ello a esa hora.

Le comento que estoy dando un paseo y me dice:

—Ten cuidado. En la estadística parece que dice que en 2018 han muerto cerca de 8.000 personas haciendo deporte y, sin embargo, solo han muerto ocho en la barra de un bar. Ahora tú saca tus conclusiones.

La verdad, lo que me dice es muy convincente y, para refrendarlo y darle ya un argumento definitivo, me dice:

—José Luis, ¿has visto tú a algún médico haciendo deporte?

Y ya para finalizar, como los buenos profesionales, aprovecha para hacer *marketing* y me dice:

—El Miércoles Santo por la mañana la Legión suele desfilar por la Alameda y, ya por la noche, es la única cofradía que pasa por la Alameda y da la vuelta en la Puerta de Estepa. Se cruzan los dos tronos en la Alameda. Te recomiendo que lo veas y que tomes una cerveza en Bulevar Fox o reserves mesa (en el tinglado agradable que tienen en la calle).

Antes de dar por definitivo lo que he escrito hago una relectura, cosa que no es muy habitual en mí, y a ello me dedico buena parte del domingo 26 de mayo para dar por concluso este pequeño volumen.

Ya tengo en mis manos el libro *Los palacios de la memoria*, de Juan Alcaide de la Vega, y lo he leído y releído y vuelto a leer, cosa que no recuerdo haber hecho antes en muchísimos años. El libro me ha emocionado.

19. LA COFRADÍA DE LOS ESTUDIANTES

Lunes Santo, 15 de abril de 2019

Hoy me acerco también a San Zoilo, la iglesia más antigua de Antequera, de donde sale la Cofradía de los Estudiantes.

Me alegra mucho ver tanta animación en las calles por las cuales transito. Entre los viandantes hay bastantes turistas, cosa de la que me congratulo mucho.

Hace años que no estaba un Lunes Santo en Antequera. Por motivos laborales, venía los jueves por la mañana o, todo lo más, el miércoles noche.

La vez primera que salió el Cristo Verde fui yo hermanaco. Me refiero en la Cofradía de los Estudiantes, porque la cofradía tiene cuatro siglos. Llevaba muchos años sin salir y la iglesia, que entonces estaba casi ruinosa, ahora luce de maravilla. ¡Qué alegría que se haya recuperado! Una chiquilla me vende una cinta como pulsera en la puerta de la iglesia. A euro la cinta. Es cortita y mi muñeca es gruesa, así que se ve negra para ponérmela. Me la tengo que quitar; me corta la circulación de la sangre.

La iglesia está llena, sobre todo de jóvenes, lo cual es muy esperanzador para seguir la tradición. Admiro los tres pasos que forman hoy la cofradía y toco las andas del Cristo Verde, pintadas de color madera. Son metálicas. Son las mismas que yo cargué, creo que en 1960, porque se quitaron las de madera, que estaban en más que fatales condiciones, y se pusieron estas. El Cristo está sobre un monte de apretados claveles rojos. La Virgen de la Vera Cruz, bellísima con su manto liso y su vestido de color oro, con bordados en oro; y el tercer paso, igualmente bellísimo. Creo que fue el primer paso en Antequera en quitar el armazón de madera y ponerlo metálico. Con ello se ha aligerado muchísimo el peso de los pasos.

En fin, muy bonito todo. Muy bonito el ambiente, muy bonita la iglesia. Me fui a casa contento. Al salir, muchos niños de cuatro o cinco años, todos con el uniforme del colegio, pero con su banda verde atravesada en el cuerpo, descansando sobre el hombro. No puede faltar. Cristo Verde, banda verde. Se puso banda verde en su momento porque no había dinero para otra cosa y, por supuesto, penitentes sin traje especial para ello.

Magnífica Semana Santa antequerana. Por la tarde vi los pasos en calle Cantareros y todo muy bien, mucho orden.

20. LA IGLESIA DE LA TRINIDAD Y SU INCENDIO

Martes Santo, 16 de abril de 2019

Hoy vienen mi hija Eva, mi yerno Joaquín y sus hijos, Blanca y David, a estar un rato con nosotros. Se marcharán después de comer y de tomar café. Vienen igualmente mi cuñada Mari Carmen, desde Málaga; su marido, Manolo; y su hijo Juan con su novia. Mi sobrino Juan estudia cuarto de Arquitectura. Comemos en casa. Soy un admirador de mi sobrino Juan. Dentro de poco será un arquitecto modélico. Con becas, mucho trabajo y esfuerzo.

En la mañana damos un paseo con Eva, Joaquín, Blanca y David. Yo soy, digamos, el guía del paseo. Me dirijo a la Cruz Blanca para ver, en la iglesia de la Trinidad, el Cristo del Rescate y la Virgen. Quiero que ellos vean estas cosas.

La iglesia está llena, mucho personal entrando y saliendo, lo cual es bueno y saludable.

Ya en la puerta de la iglesia les digo a Blanca y a David (con casi diez años y casi nueve, respectivamente): «Venid a la valla de la rotonda. Quiero contaros una historia. Allá, en esa casa, vivían mis abuelos Rafael y Carmen, mi madre y sus hermanos, Manolo, Paco y Rafael. Aquello en sus tiempos era una gran carpintería donde se hacían carros, que eran llevados por mulos. Carros de carga, toda una ingeniería de la artesanía tradicional; carros rústicos pero fuertes y con la tradición de muchos años. Mi abuela siempre iba hecha un pincel, se cuidaba mucho y siempre tenía muchas ganas de aprender. Cuando llegó la televisión en blanco y negro (y un solo canal) no se separaba de ella, quedando embelesada y queriendo memorizar todo lo que veía en la misma. Ocurrió un hecho en 1933 (o un año antes o dos, no sé, pero por esas fechas): hubo un incendio en esta iglesia de la Trinidad, que es donde nos casamos vuestra abuela Trini y yo, y se formaron cadenas humanas con cubos de agua para apagar el incendio. Mi madre me lo contó en varias ocasiones. Toda la familia colaboró en apagar el incendio y lloraron mucho. Estuvieron desolados muchos días ante esta pérdida tan importante».

En fin, les digo a los dos críos que me repitan un poco lo que les he dicho y no se acuerdan. Se lo vuelvo a contar y les digo que al que me lo repita le doy cinco euros. Y ya sí que lo repiten. Mi hija Eva me comenta que mis hijos el tema dinero no lo conocen o, mejor dicho, no lo utilizan; son formas distintas de ver las cosas hoy. Son cosas de la edad. Cada edad requiere un tema. No lo sé. No sé nada del mundo de hoy. Y del de ayer tampoco, pues me estoy enterando ahora del mundo de ayer.

Mi hija es muy inteligente y ponderada, es lo que puedo decir, pero hoy los tiempos son diferentes. Si no admitiese que son diferentes, sería defender temas en los que creo; pero creo que lo mejor es no defender nada. Bueno, defender lo esencial y ya está.

En la calle Lucena les digo el portal donde yo conocí a su abuela un Jueves Santo de 1958. Que, por cierto, la casa se mantiene tal como era y un cartel ahora pone: «Se vende». Tampoco veo que los nietos tengan mucho interés en memorizar esto.

Los críos son estupendos; la madre, magnífica; el padre, sensacional. Hoy han cambiado muchas cosas.

Después de comer vamos al Bar Recuerdos, en calle Laguna. Tomamos café y mi nieta Blanca, un helado monumental. Por cierto, cuando fui a pagar estaba pagado todo por mi cuñado Manuel González.

Esta tarde iremos Trini y yo a una calle de nuestro barrio, a calle Laguna, que la tenemos al lado, a ver al Cristo del Rescate, el cual tiene muchos devotos. Dicen que hace milagros. Pues no estaría de más.

Y fuimos. Realmente fantástico el paso por la calle la Vega. Las procesiones deben pasar más por calles secundarias.

21. EL SEPULCRO DE LA BEATA MARINA ALONSO EN ANTEQUERA

Martes Santo, 16 de abril de 2019

Hoy hablaba con mi cuñado Manuel González sobre este tema, de dicha beata, cuyo cuerpo incorrupto se encuentra en la iglesia de los Remedios, entrando a la izquierda. La misma no se ve; la urna está dentro de un arcón de madera.

Nació en 1572 y murió en 1626. Fue enterrada en la iglesia de Santa María y en unas obras dieron con el cuerpo incorrupto. De otros cadáveres allí solo quedaban algunos restos y cenizas.

La urna donde está tiene la parte superior de cristal y se puede ver. Ya no sé si hay días durante el año que abren el armario para ver la urna de cristal con el cuerpo incorrupto.

Pertenecía a los franciscanos terceros y todo lo que hay escrito sobre ella es, diremos, de un sacrificio enorme y de atender al prójimo de forma tremendamente abnegada.

Se le atribuyen milagros y hay una broma, que cuando pequeño se hacía o me hicieron, y es que dicen que cuando se da con los nudillos tres veces al arcón, a veces ella contesta con un solo golpe desde el interior.

Para ello, una persona le da tres veces con los nudillos y otra, que se encuentra vamos a decir compinchada, se coloca en un extremo mirando para otro lado, distraída, y con la mano bajada, sin que se percaten los demás, un golpecito con los nudillos, lo cual hace que crean que ha sido la beata.

Así que hace muchos años (yo tendría, no sé, catorce o quince), en visita a la iglesia de varias personas, una comentó lo de los tres nudillos y dio tres pequeños golpecitos. Cuando se escuchó un ligero ruido del sarcófago, a una persona que nos acompañaba se le puso la cara blanca como el papel y quedó pasmada. No sabía en absoluto que era una broma y ya no recuerdo si se le explicó y, en caso afirmativo, si lo creyó. Pero a la vista del arcón lo cuentas y muchos lo creen totalmente. No sé, a lo mejor es incluso cierto.

El que haya santos con cuerpo incorrupto da que pensar. Y que sean santos. Yo no sé si hay explicación científica o no. Para mí es un verdadero enigma.

La vida y milagros de la misma los reseña, por ejemplo, don José Muñoz Burgos, director y propietario de *El Sol de Antequera* durante muchos años; figura muy ilustre, que tanto hizo por sacar a la luz y poner en valor el patrimonio cultural de Antequera y al que tuve el honor de conocer en sus desvelos hace muchos años, cuando *El Sol de Antequera* estaba junto a Confitería La Gloria, en calle Estepa, y para confeccionar el mismo había que ir haciendo la plantilla letra a letra, punto a punto.

22. EL FRACASO DE LA MUDANZA

Martes Santo, 16 de abril de 2019

Paseando por calle Toronjo, tan cercana a mi domicilio, recuerdo lo leído alguna vez: que su nombre proviene de las toronjas (naranjas) que había en ese terreno, que era el confín, el límite del huerto del convento de Madre de Dios. Sí, el convento llegaba hasta calle Toronjo. Antequera, en su momento, era una serie de parcelas grandes y calles que las limitaban; cada parcela de una orden religiosa, que allí instalaba su iglesia, su convento y un gran huerto para aprovisionarse tanto de cerdos, gallinas y otros como de frutos del campo.

En la calle Toronjo tuvo de herencia mi madre una casa. Había dos casas juntas de mi abuela; ella recibió una. Era en la que vivían en su momento mi tía Soco y su familia.

En fin, las dos casas fueron demolidas y se hizo un bloque. Como consecuencia, mi madre obtuvo un piso, un primero bastante grande.

El piso lo amueblaron mi padre y mi madre con todo nuevo, como si fueran a casarse, y después de tenerlo todo arreglado se trasladaron, dejando la casa en la que yo habito cerrada. La casa era húmeda, estaba un tanto vieja; el piso, moderno, bien acondicionado, con temperatura adecuada. Así lo tenían pensado y se fueron a vivir. De la casa, ya cerrada, regalaron algún mobiliario y, en fin, estaba para también ver de demolerla y hacer pisos.

Un día, una mañana de primavera en el piso, mi padre y mi madre hicieron las maletas para un viaje. El viaje no era muy lejano, era cortito. Tanto es así que podían hacerlo andando, con maletas incluidas.

Era el retorno a su casa de siempre. «Estamos muy bien en el piso, pero queremos, lo que nos quede de vida, vivir en nuestra casa, en la de siempre; ver nuestro patio, regar las macetas, pasar frío en invierno y calor en el verano. Queremos nuestros espacios, queremos nuestra vieja casa incómoda y no el piso moderno y confortable, queremos subir y bajar escaleras con mucho trabajo. Nuestra casa es así y queremos nuestra casa».

Y aquí volvieron, a Merecillas, 28 (antes 34). Aquí vivieron lo que les quedaba y aquí murieron.

Es un poco lo que tengo previsto, si Dios quiere, para mí. Terminar los días en la casa. Ya veremos el futuro, que siempre es imprevisible.

En este tramo de la calle Toronjo, que va de Merecillas a Cantareros, junto a Cantareros vivía don Luis Moreno Pareja-Obregón, que fue alcalde muchos años.

Mi tío Rafael tenía una tienda de comestibles. Después la quitó y puso un bar. Más abajo estaban las Pesquisas, dos hermanas costureras de por vida, las dos muy iguales, muy delgadas, que cosían y cosían tras los cristales de la ventana de su sala de estar. Ellas controlaban absolutamente todo el tráfico humano de la calle y siempre con una sonrisa eterna, una sonrisa amable. Yo pensé que serían eternas, que no morirían nunca. Año tras año siempre igual, siempre con la misma cara, siempre con la misma sonrisa, sin cambios, permanentemente. Con lluvia, con calor, con frío, con más luminosidad la calle, con menos, las dos hermanas permanentemente cosiendo tras el cristal del alegre ventanal. Pero me equivoqué. También fallecieron y yo, lejos, ni me enteré. Las tengo en mi mente. Cuando paso por la casa, no las veo y las echo de menos. Aquello era suyo, era para siempre. Y me equivoqué. Al otro lado de la calle estaban Los Lateros, un taller de mecánica cuyo solar pasó después como ampliación de la casa de los señores Linde Valverde.

23. EL RESCATE

Hoy, Martes Santo de 2019, he disfrutado viendo el paso de la cofradía. El punto negro es que a Trini le dolía mucho la pierna y no se encontraba bien. Nos hemos venido apenas han pasado los dos pasos.

Los hemos visto en la esquina de calle la Vega con calle Taza y me han encantado por muchas cosas. Y, por consiguiente, he tenido el ánimo subido.

He visto muchos balcones de la calle la Vega vestidos de morado, lo cual es propio y lo lógico. He visto muchas personas en los balcones. Es decir, he sentido un buen ambiente. He palpado un ambiente receptivo, amable, de fiesta, de alegría, de rostros alegres, de personas muy elegantes. Me he sentido cómodo.

Y muy bien, quizá un tanto con retraso, me ha parecido observar a las señoritas vestidas de mantilla. He contado, no de forma exacta, alrededor de 120. Un buen número de elegantes y muy bellas señoras y señoritas. Es que la mujer vestida de mantilla luce elegancia, es majestuosa y diría que deslumbrante.

Y después el personal que, con sus velas, va detrás del Cristo del Rescate. Igualmente, los he contado. Vamos a ver, por delante de mí han pasado unas 120 personas y cada hilera tendría un número estimado de diez personas, en algunas más y en otras menos. Es de imaginar que había 1.200 personas alumbrando al Cristo. Diré que impresionante.

Doy una opinión. Creo que, salvo el tramo de carrera oficial, las cofradías deben salir del circuito normal y pasar por calles vamos a llamar secundarias, pues salen más personas que por el centro, ya muy manido. Además, seguro que los vecinos lo agradecen. Me refiero, por ejemplo, a pasar por calle Merecillas, en lugar de Cantareros, y otras que pasen por calle San Miguel, Las Peñuelas, calle Alta, etc. Itinerarios diferentes a los que durante muchos años, a lo mejor hasta siglos, han seguido. Porque en estas calles los vecinos se vuelcan, disfrutan, y los pasos lucen más por calles más estrechas que por las amplias, muchas veces a lo mejor con pocas personas pendientes de ellas. En fin, es una idea. Sin duda, buena.

Hay un tramo de recorrido oficial para todas, perfecto; pero el resto hagámoslo más libre, más del pueblo llano, y dejemos las calles del centro.

Hoy las calles secundarias están muy bien preparadas: el suelo bueno, las calles bellas. No es como antes, que cuando llovía eran barro y charcos y con la sequedad el polvo. Antequera está toda limpia.

24. LA COFRADÍA DEL MAYOR DOLOR

Miércoles Santo, 17 de abril de 2019

Esta mañana no hemos salido, lo dejamos para por la tarde. La salida se ha adelantado hora y media, entiendo que por temor a la lluvia.

Trini se ha llevado un paraguas precioso que le compré hace años. Un día, paseando los dos por Albolote, vio en un escaparate un paraguas muy bonito, que le encantó, y compañero un gorro. Pero el precio era astronómico en relación a un paraguas normal. Es de seda.

Al día siguiente fui y compré el paraguas y ella se emocionó. Yo estas cosas sé hacerlas y quedar bien.

Nos vamos a la Alameda. La Cofradía del Mayor Dolor llega hasta la Puerta de Estepa, da la vuelta en dicho monumento y vuelve por la misma Alameda.

Nos sentamos en el Bulevar Fox. Curiosamente, hay una mesita para dos en un rincón. Es como si nos estuviesen esperando. El sitio es magnífico para los que somos ya mayores.

En la Alameda, cuando el primer paso, el del Señor, da la vuelta ocurre que hay una parte de la procesión que va a dar la vuelta al monumento y en la otra parte de la calzada están los que vienen ya de vuelta. Está bien. En la misma calle se cruzan los dos pasos y se realza la cofradía. Esto lo hace solo la de hoy, la Cofradía del Mayor Dolor. No estaría de más que lo copiaran las demás cofradías. En definitiva, las ideas buenas hay que copiarlas. Y a estos temas religiosos conviene que vaya todo tipo de personas: las que van por devoción, las que van por tradición, las que van por cultura, las que van por arte y, supongo, también las que buscan novia o novio.

Hay que reconocer que la Legión tiene un atractivo inmenso. Nos gusta a todos, nos encanta. Hay verdaderos forofos de la Legión. Hoy muchos salen a ver a la cofradía, pero otros salen fundamentalmente a ver la Legión y que Dios los perdone.

Viendo cantar a la Legión (cuando, en la misma calle de ida y vuelta, el Cristo va y la Legión viene, se cruzan y canta la Legión: «Soy el novio de la muerte…») la carne se me pone de gallina. El desfile que tienen es impresionante; la quietud, el orden y el propio uniforme, haga frío o calor. Como si el frío, cuando lo hay, no fuese con ellos.

Detrás del Señor intento aforar los que van detrás alumbrando y, sí, estimo que va el mismo número que en el Rescate, unas 1.200 personas por el conteo aproximado efectuado. También unas bellas señoras y señoritas delante vestidas de mantilla.

Los tronos del Señor y de la Virgen refulgen como soles, brillan como joyas. Tienen una buena iluminación y son pasos muy cuidados y perfeccionados. Enhorabuena a la presidenta, señora Trinidad Calvo, y a todo su equipo directivo por su buen hacer.

Al lado de nosotros, un señor con buena y muy potente voz canta *El novio de la muerte* al unísono con la Legión. Lo veo totalmente emocionado y con los ojos húmedos, como si fuesen a saltar a llorar.

Cuando pasan los pasos, nosotros, que estamos un poco pasados, entendemos sin hablar que ha llegado la hora de retirarnos y así nos vamos a calle Merecillas, la cual concurre o acaba en la Alameda.

Sí, hemos disfrutado en este rato; sí, lo hemos pasado bien; sí, nos ha gustado. Mucho personal en la calle, como debe ser. Muy bien todo.

La presidenta de la cofradía y a su vez presidenta de la Agrupación de Cofradías, señora Trinidad Calvo, sin duda está haciendo un buen trabajo.

25. JUEVES SANTO EN ANTEQUERA: LOS DOLORES Y EL CONSUELO

Jueves Santo, 18 de abril de 2019

Vamos andando Trini y yo. Ir, pues vamos; volver nos cuesta más trabajo. No queremos tomar una cerveza en el retorno para que no nos quedemos aplanados y nos cueste aún más trabajo volver. Vemos el trenecito que para delante de Belén. Lo malo es que no sabemos la hora a la que volverá a pasar y optamos por andar. En el retorno nos metemos en La Antequerana. Está vacío: es hora de comer y es un sitio donde se va a desayunar, merendar y comprar dulces. Pedimos una cerveza cada uno. La ponen estupenda, muy fría, en botella. De tapa, como no hay, pedimos un mollete a medias entre Trini y yo, de jamón con tomate. Nos gusta La Antequerana. A mí me encanta su decoración, me parece perfecta, detalle a detalle, y el personal es muy atento.

Tomar una cerveza fría con un mollete va muy bien y abre un nuevo mercado a los molletes. El mollete debe ser una nueva tapa.

Hay mucho personal para ver los pasos en sus casas, en sus iglesias, tanto los dos de San Pedro como los tres de Belén. Sobre todo en Belén. Muchísima gente, cola para entrar en la iglesia.

Eso está muy bien; la Semana Santa se está potenciando. En San Pedro una amiga, cuyo hijo trabaja en Televisión Antequera, me comenta que anoche llegó muy contento porque, solo en redes sociales, la Semana Santa de Antequera la estaban viendo en directo algo más de 20.000 personas en internet, todo un récord.

La iglesia de San Pedro se muestra impresionante. Es la Cofradía del Consuelo, la cofradía que fue de mi familia materna. La de siempre, la de años y generaciones anteriores.

La Cofradía de Belén es la de Trini. Frente a la iglesia vivió ella muchos años y le tiene mucho cariño.

Antes de Belén, después de San Pedro, entramos en Santa Eufemia y también en la iglesia de Santiago, las tres juntas. Hay muy poco recorrido entre iglesia e iglesia.

Santa Eufemia, patrona de Antequera (o una de los patrones de Antequera), tiene una iglesia muy bonita con un convento que ocupa mucho espacio y que actualmente está vacío, sin monjas. Leí que se ocupó de forma provisional por inmigrantes de un barco acogido. Ya no sé si queda alguno de ellos allí. Es realmente Santa Eufemia un museo, tiene salas de museo, si bien hoy están cerradas y yo aún no las he visto. Hay muchas cosas que hacer en Antequera.

Belén está de impresión. Los tronos refulgen como soles. Además de su belleza, esto se hace resaltar con la tecnología. Microproyectores estratégicamente situados en los tronos les dan una luminosidad tremenda, que antes no tenían solo con velas y después con lámparas en sustitución de las mismas. Ahora lucen esplendorosos los pasos, maravillosos. La tecnología llegó a la Semana Santa.

Toco con la mano el soporte del trono, donde están atando las almohadillas. En algún caso debe de ser el personal más bajito, pues veo que previamente a la almohadilla sitúan un suplemento para que puedan igualmente repartir peso los más bajitos. Aparte, ya en estos días he visto a mujeres hermanacos cargando el trono. Esto era impensable hace unos años. A mí me parece muy bien, por supuesto.

Al tocar el chasis del trono y dar con el nudillo un golpecito, suena a hueco. Es metálico, pintado color madera, ligero y más resistente que la madera. Hablo con un hermanaco, que está atando la almohadilla.

—Es el soporte del trono metálico, ¿verdad?

—Sí —me comenta—. Es así desde hace años. Unos veinticinco años creo yo, más o menos. Además, hace poco se ha alargado y ahora la Virgen la llevamos 72. Antes éramos sesenta.

—¿Y hay problemas en cuanto a que haya suficientes hermanacos?

—No, ninguno. Realmente, van de más. Detrás del trono van ocho o nueve de repuesto, por si alguno quiere marcharse o se siente indispuesto.

Esto supone un avance importante. Tronos mucho más ligeros que la pesada madera, más número de hermanacos, menos peso por persona… Yo creo que en mis tiempos era una barbaridad el peso por persona que había que soportar. Soy de los que piensan que solo pocos podían aguantar eso. Hoy ya el tema es más «natural». Es un avance, sin duda. En esto la innovación partió de la Cofradía de los Estudiantes.

Este año la Virgen de los Dolores lleva un manto más corto.

—Sí —me comenta el hermanaco—. Es que el suyo lleva un año que lo están arreglando, cambiando los bordados a tela nueva, y se estima que para el año próximo, en la Semana Santa, ya lo tendremos acabado. Veremos a ver. Son trabajos muy lentos y preciosistas —me dice para acabar.

Le doy las gracias por su información y me despido dándole la mano.

Tanto el trono de la Virgen de los Dolores como el del Señor Atado a la Columna tienen unas impresionantes peanas doradas, con su angelitos esquinales «estilo antequerano». Son preciosas estas peanas, las dos prácticamente iguales.

Del Señor Caído fue hermanaco el abuelo de Trini, el padre y los hijos, es decir, los hermanos de ella. Parece ser que popularmente se le llamaba el Cristo de los borrachos. Este apelativo, que ya no se utiliza, era porque la mayoría de los que llevaban el trono años atrás eran matarifes del matadero municipal que había a doscientos metros, junto al arco de la Puerta de Granada más o menos. En aquellos tiempos era rara la casa que no mataba al año dos o tres cerdos, lo cual se hacía en la propia casa de cada uno; así que los matarifes, aparte del matadero, iban a las casas, al menos noventa o cien salidas al año, y en las mismas, después o durante la matanza, se les obsequiaba ampliamente, en las horas tempranas de la mañana, con no poco aguardiente. Claro, si ibas a dos o tres casas al día a matar cerdos, se pillaba un punto de aguardiente bueno. Quizá por ello, al llevar el trono en porcentaje alto los matarifes, se le llamaba el Cristo de los borrachos en el argot popular.

Mi cuñado Pepe, al que vemos, me comenta que le han dicho que en el especial de *El Sol de Antequera* hay un artículo que habla de los espárragos que lleva la Virgen delante de ella, un buen mazo de espárragos, y que el entrevistado dice que no se sabe quién los pone (página 256). Pues no, los espárragos a la Virgen de los Dolores los pone la familia de Trini desde hace muchos años, desde que se inició esto. Parece que del orden de setenta años. Empezó a ponerlos el padre de Trini. Después ha continuado y sigue su hijo Pepe.

—Deben ser trigueros, no de cultivo de huerta —me comenta un vecino—. Y este año a tu cuñado le ha costado trabajo encontrarlos con las pocas lluvias habidas. Es un mal año de espárragos silvestres trigueros.

Los espárragos en el trono son ya (vamos a llamarlo así) un adorno imprescindible.

La Virgen de los Dolores está muy ligada al campo, a la agricultura, a las huertas cercanas. Según me comenta Trini, cuando era pequeña su madre le decía a su padre: «No pongas el manojo tan grande. Pon unos pocos menos y me queda para hacer una tortilla». El padre no le hacía caso. Eran tiempos de cierta necesidad, en la posguerra; y el barrio, un tanto pobre. Así que buscar espárragos y ponerle un gran manojo, no pequeño, bueno… «Le pongo a la Virgen lo que hace falta en mi casa».

Todos los años entramos a ver el patio de un vecino de calle Belén, número 5, quizá el más bonito de Antequera. Es impresionante la cantidad de geranios que tiene. Básicamente geranios, aunque hay otras flores, pero el ochenta por ciento son geranios de colores muy diversos.

—Con el viento del otro día se han perdido algunos —nos comenta—. He trabajado duro para quitar los inservibles, limpiar y sanear.

Está jubilado. Les dedica muchas horas a las flores de su patio. Su aspecto es magnífico, impresionante. El patio es para verlo. Todos los años llamamos, nos abre la puerta y vamos a ver su patio. Debería estar abierto al turismo.

En la plaza de Santiago entramos a la iglesia. En la plaza, su fuente, donde iban por agua los que no tenían en casa, que eran muchos. Una estampa típica. Como el caño estaba alto, pues la conducían a los cántaros con una caña que servía a los efectos exactamente igual que un tubo, dejando la caña hueca en todo su recorrido.

Sería bueno que en circuito cerrado la fuente luciera con agua, como en tiempos antiguos, al menos estos días de fuerte afluencia.

Es tan grande la afluencia de personal que han cambiado hoy el sentido de circulación. Entran coches en Antequera tanto por la Cuesta de Archidona como por calle Belén. No sé dónde van a ponerse tantos coches. Es claro que la Semana Santa se va rejuveneciendo, va a más.

—Sí, es así —me comenta un conocido con el que charlamos un rato—. El que sea Antequera Patrimonio de la Humanidad con la cueva de Menga, el Torcal y la peña de los Enamorados atrae a mucho personal. Aparte de los nuevos medios de comunicación.

Sí, Antequera está con muchos visitantes hoy, Jueves Santo. No me atrevo a entrar al Restaurante Adarve para ver si tienen sitio. Seguro que no tienen, por supuesto. No lo hay los demás días casi nunca, máxime hoy. Retornamos por calle Codo.

—¿Compramos un pollo? —me dice Trini.

Le digo que me parece perfecto. Hay un cartel en la esquina de calle Codo, exactamente donde se ubicaba la sala de estar de aquel célebre sacerdote de hace muchos años atrás, al menos 65, que era don Antonio Mochón. Allí, cuando tenía catorce o quince años, varias veces me senté en la mesa camilla de don Antonio Mochón, exactamente donde compro el pollo.

—José Luis, piensa lo que te voy a decir. Piénsalo bien antes de contestarme. ¿Cuántos ojales tiene la sotana de un cura? —me dijo una vez.

En fin, le di vueltas a la cabeza y no se me ocurrió nada.

—Pues lo siento, don Antonio, no lo sé. He procurado dar una cifra no aleatoria, sino con algún sentido, y no lo sé. Supongo que depende de la altura del sacerdote.

—Pues es sencillo —me contestó—. La sotana de un cura tiene un número de ojales igual al de botones.

Y con ello se puso a reír de forma estruendosa, estrepitosa, fuerte, casi con lágrimas en los ojos de risa. Y, claro, como era la risa contagiosa, yo, un poco sorprendido con la contestación, me puse a reír también. Al reírse se le movía el estómago. Cuando una risa es profunda, buena, el estómago se mueve. Obsérvenlo.

—José Luis, en muchas ocasiones este ejemplo es contestación para muchas cosas en las que aplicar el mismo criterio.

Hoy venden pollos y comestibles en general en una pequeña y apretada tienda. Dentro de otros 65 años sabe Dios. ¿Quién me iba a decir a mí que en aquella sala, sesenta años más tarde, iba a comprar un pollo a una persona desconocida para mí, que jamás ha oído hablar de don Antonio Mochón? Digo esto porque se lo pregunté.

Ya casi en calle Merecillas nos para un amigo. No sé su nombre y no me atrevo a preguntarlo. Me habla de cuando éramos compañeros en los Carmelitas, con nueve años. ¡Qué barbaridad! No sé su nombre, no me acuerdo, pero me ha parecido incorrecto preguntar.

Para reflexionar de la vida.

Por la tarde ninguna cofradía del Jueves Santo salió; estaba lloviendo. Era Jueves Santo y, sin embargo, llovía.

26. SIN EMBARGO, LLOVIÓ

Jueves Santo, 18 de abril de 2019

He ido a ver a mi hermano Antonio. De forma casual he encontrado a mi hermana Mely allí. Me llevo paraguas y llueve, pero no llueve. Al salir sí llueve ya.

Llevo paraguas y no lo abro; quiero mojarme. No demasiado, pero sí suficiente. Llevamos esperando a la lluvia desde primeros de enero. Los trigos, en buen porcentaje, probablemente no se recuperen debidamente. Malo para el campo, por lo general.

Y en Semana Santa, que se espera buen tiempo y no debiera llover, entonces llueve. También suele llover en la feria de Sevilla.

El tiempo va a contratiempo, rompe ilusiones de agricultores y de empresas que se mueven alrededor del campo de secano, hace agujeros en los bolsillos, aumenta el volumen de compra de gafas ante tantos que miran el cielo y el móvil para ver si llueve. Pero no ha llovido. Y ahora llueve.

Los que, de alguna manera, han venido preparando y cuidando el lucimiento de las cofradías que salían hoy han tenido que desistir. El perjuicio de las mismas es grande. Con la lluvia es imposible salir.

Los muchos forasteros que han venido a ver hoy la Semana Santa no la pueden ver, salvo visita a los templos y ver las imágenes dentro. ¿Y mañana? Pues mañana veremos. La vida es así.

Así ocurren cosas que esperamos y que no llegan. El tiempo las hace cambiar y lo que se espera bueno termina siendo malo porque no ha llovido. O malo porque ha llovido.

No sé, a lo mejor la Semana Santa, con el tiempo, tienen que cambiarla al mes de agosto y dejar de combatir con lo no combatible.

Así ocurre en la vida. Temas que deseamos, que lo lógico es que lleguen, no llegan y temas que vemos claro que van a ocurrir no ocurren. Por ello hay muchos que no planifican (¡que sea lo que Dios quiera!) y otros que planificamos (¡vamos a pensar que lo que Dios quiere es lo que habitualmente ocurre!).

¡Lluvia, lluvia! ¡Te cargas la Semana Santa como te empeñes! ¡Lluvia! Es buena para todos, pero es un poco este deseo, el deseo de la nada, de lo imposible. El mundo sigue dando vueltas, dicen que desde hace unos 8.000 millones de años, que son algunos. Vueltas y vueltas. Y nosotros solo estamos pocas de sus muchísimas vueltas, de sus millones de vueltas.

Deambulo y ando a casa de mi hermano. Quería ir a ver las vegas. Aun con mucho cansancio, puede más la fuerza del alma e iba a ir, pero ha podido más la fuerza del tiempo. Ando un poco, callejeo con el intento baldío de solucionar las disfunciones de mi corazón, lo cual es imposible. Y me temo y siento que dará por ello, para mí, menos vueltas el mundo. Solo cabe decir: ¡sea lo que Dios quiera! Con lo bonito que es vivir.

27. VIERNES SANTO EN ANTEQUERA

Viernes Santo, 19 de abril de 2019

No veremos el domingo el Resucitado, ya que nos vamos el sábado de viaje.

Y acabo de perder todo lo escrito en este escrito. Menos mal que anoche me puse un correo electrónico a mí mismo con su contenido y lo he salvado. Si no es así, me hubiese llevado un buen sofocón. Pero la experiencia es un grado. Evidentemente. Aunque esto de la experiencia no sé si es bueno o malo. A un directivo de S. A. Cros lo despidieron y le pregunté:

—Alejandro, ¿qué razón te han dado?

—José Luis —me contestó—, me han despedido porque dicen que tengo exceso de experiencia.

Hoy se me ha perdido el monedero (no el billetero). Menos mal que lo he encontrado; tenía el mando a distancia para regular el volumen de mi audífono. Con la sordera galopante que tengo, menos mal que lo he encontrado. Lo había dejado sin darme cuenta en una mesa no habitual y me di cuenta cuando iba a pagar el taxi.

Ayer perdí unas tijeras en casa. Busqué y busqué hasta que las encontré. Estoy de suerte. Y ahora reescribo lo que he perdido.

Son las seis de la tarde y está lloviendo en Antequera. Estimo que no saldrán hoy las procesiones, no lo sé. Ya veremos, supongo que no. Al final salen, pero Trini no se encuentra bien y mañana, sábado, salimos de viaje. No veré tampoco el Resucitado. Sí he visto las imágenes en las iglesias.

Hemos subido Trini y yo en un taxi al Portichuelo. Importe de la carrera: seis euros. Y ha venido el taxi a casa a recogernos. Los taxis no son caros, no sé por qué rehuimos tanto de utilizarlos. Pasa lo mismo con los *parkings*. Se es capaz de dar mil vueltas por no pagar un precio módico por aparcar. La vida es así.

Las tres cofradías, estupendas. La de Arriba, la de Abajo y el Santo Entierro.

Impresionantes en el Portichuelo los pasos de la Cofradía del Socorro. Hay mucha gente en la iglesia, pero después he visto que hay más en Santo Domingo (Cofradía de Abajo) y en el Carmen (Santo Entierro). Le veo una explicación lógica: para subir al Portichuelo andando, bueno, diría que hay que ser joven y fuerte. No obstante, mucho personal.

En Santo Domingo observo con detenimiento el paso del Niño Perdido, del que en su momento fui hermano mayor. Hoy tiene más hermanacos para llevarlo y el trono, al ser metálico hueco, es mucho más liviano que la madera pesada y terrible de mis tiempos. Ahora es más lógico el peso por hermanaco. Antes era un poco aberrante el peso que tenía que soportar cada uno.

Me alegra mucho ver la iglesia de Santo Domingo tal como está y la comparo con la de mis tiempos, que tenía un estado de mantenimiento rayando la inmediata ruina, con muchas humedades y desolador futuro. Ahora está estupenda, radiante. Buen mantenimiento. ¡Gracias a Dios!

Nos vamos a la iglesia del Carmen. Lo mismo digo que de la de Santo Domingo. Hemos mejorado y llegado a tiempo de salvar el estupendo patrimonio de Antequera. Lo mismo pienso cuando paso por el Cine Torcal, hoy propiedad del Ayuntamiento. Menos mal que, aunque se han cometido atropellos de feos y «modernos» bloques que son atentado visual y se ha destruido mucho, ya hace tiempo que se puso pie en pared y se pararon estos desmanes, afortunadamente.

Yo he visto otras poblaciones en las que no ha sido así, ciudades en crecimiento donde se ha pasado por la piqueta todo el pasado y ahora son calles insulsas, de pisos con fachada horrible; calles sin historia y sin belleza alguna, calles deprimentes, de bloques de pisos impersonales y aberrantes, pero comoditos.

En la calle Río, número 31, vivían mi abuela, su hija Sole con su marido y familia y mi tía Teresa, que era viuda, prácticamente desde recién casada. Mi abuela Pura era como su nombre y de piel blanca preciosa; mi tía Teresa, muy trabajadora, y mi tía Sole era también muy guapa. Ahora la hija de mi tía Sole, que le llamamos Solecilla, es muy guapa. Es de familia.

En la segunda planta (sin contar la planta baja), en las «cámaras» se empezaron a fabricar fideos. Luego ya se construyó en calle Talavera Industrias Masagar. Pero bueno, allí fue el rodaje.

Aquella casa, según me contaban cuando niño, la compró mi padre y la regaló a los suyos. No al principio, sino posteriormente. La casa la vendió mi tía Sole y se compró un piso en las «cuatro esquinas». Hoy permanece siempre cerrada. Creo que es propiedad de unos franceses, que deben de venir bastante poco. Yo al menos la veo siempre cerrada. Es una casa muy antigua, muy peculiar, de hace muchos años, con mucho encanto.

Allí había un Cristo crucificado que estaba en un soporte especial de tabla: por detrás era un tablero y, en la parte de arriba del tablero, un dosel de madera con sus remates, como para protegerlo del agua, muy bonito. Viene de muchas generaciones atrás. Hoy es de mi prima Solecilla. Lo hereda el mayor de los hermanos de forma tradicional, generación tras generación, y debe de tener ya cientos de años a sus espaldas. Le he pedido que me lo deje en depósito, pero no está en ello.

En la Cuesta de Rojas me quedo observando la fachada de García-Berdoy. Hoy me alegra ver la puerta abierta. Un señor que pasa por la calle con su señora me dice:

—¿Qué? ¿Contemplando tus tiempos? Ya sé que querías mucho a dicha familia. —La verdad, no sé quién es mi interlocutor.

—Pues sí, efectivamente. Se me comenta que hoy ha comprado la casa uno de los hijos, el que tiene la carrera diplomática. Pues estupendo. Seguro que la va a proteger y salvaguardar.

Antes, como Trini estaba cansada, hemos parado en un bar con mesas preparadas para comedor. Una niña muy jovencita nos atiende.

—¿Son dos para comer?

—No, señorita. Solo queremos tomar una cerveza y una tapa y continuar.

—Entonces voy a preguntar, porque estas mesas son para comer. —Vuelve a los pocos minutos—. No es posible porque están todas las mesas reservadas.

No le hemos visto la cara al dueño, no sé quién es. Para comer teníamos sitio; cuando solo decimos una cerveza, pues ya tienen todo reservado. Por ello nos fuimos andando al Arte de Cozina, que lo conocemos bien y que no defrauda nunca.

Recibo un wasap de un antequerano, buen amigo, que lleva muchos años afincado en Jaén, el señor Salvador Muñoz Álvarez. Me envía un vídeo de la vega de las cofradías de Abajo y Arriba, supongo que del año pasado. Es impresionante el vídeo. Donde más me ha impresionado un vídeo de la vega es en el Museo de Antequera, donde hay una proyección de 360 grados de la misma. Es fantástico. Es algo así como los sanfermines de Pamplona, pero mejor, sin toro. Merece la pena ir al museo a ver vídeos de 360 grados de Antequera.

28. LA PLACA DESAPARECIDA DE DON FERMÍN REQUENA

Sí, Antequera le rindió homenaje con una placa, que acordó el Ayuntamiento en julio de 1978 para hacer efectivo el acuerdo tomado unos meses antes de dedicar una lápida conmemorativa al pie de las escalinatas que, traspasando el Arco de los Gigantes, llevan al castillo de la ciudad. Yo me acuerdo de haberla contemplado en más de una ocasión: «Al escritor don Fermín Requena Díaz (1893-1973), poeta de la historia, quien singularmente cantó la cultura arábigo-andaluza».

Con seguridad desaprensivos saqueadores, que no saben apreciar nada, la quitaron y destruyeron, como tantas otras cosas. Estaría bien por parte del Ayuntamiento reponerla de forma que no pueda ser sustraída fácilmente.

Me acuerdo muy bien de don Fermín, de cuando vivía al principio de calle Nueva, en la planta baja, y en el primer piso vivían Gabriel y Mely.

Me acuerdo bien de don Fermín, de cuando vivía después en un piso en calle Comedias, junto a otro de Gabriel y Mely.

A mí me alucinaba el piso, pues había muchos módulos de estantería con cuatro paneles, todos iguales. Tenían de anchura, no sé, algo más de un metro y de altura, pues metro y medio. Bien, todo el piso lleno de estos módulos: pasillos, salón, habitaciones. No sé cuántos había en mi mente, quiero pensar que dieciocho o más, y todos llenos de libros, muchísimos libros.

De estos módulos yo tengo dos. Son muy sencillos, pero tienen cierto valor sentimental.

Don Fermín dirigía una revista en Melilla y lideraba el (vamos a llamarlo de alguna forma) movimiento andalucista allí. Por ello, cuando terminó la guerra fue «desarraigado» de Melilla y, como era maestro, trasladado a Algeciras, donde fue el cronista de la ciudad. Después vino a Antequera.

Escribió cerca de cincuenta libros. Era natural de Higuera de la Sierra (Huelva), donde tiene una calle y es hijo predilecto.

Conocía bien el árabe, que traducía y escribía.

En el especial de Navidad de 2007 viene un interesante artículo referente a don Fermín, escrito por el señor Juan Campos Rodríguez, que tengo plastificado y guardo como recuerdo.

Le he pedido a mi hermana que me preste el libro *Medina Antikaria*. Como tiene más de un ejemplar, me ha regalado uno. En estos días lo he leído. Primero de forma rápida, después ya lentamente. Muchos datos de al-Ándalus en general y de Antequera en particular. Muchas horas de trabajo le debió de dedicar don Fermín. El libro es de aquellos de hojas pegadas, que se separan con un abrecartas.

Es un escritor destacado dentro del panorama literario andaluz como historiador arabista y como poeta.

29. RESTAURANTE ADARVE

A pocos pasos de la casa. Hay que llamar con tiempo para la reserva. El local es pequeño.

A mí me gusta el rincón donde el mostrador da la vuelta, junto a la ventana.

Yo iría más, pero a Trini le gusta cocinar ella en la casa. Es su *hobby*, su pasión.

Allí, en el Adarve, se come muy bien, de forma variada y de calidad. Un restaurante familiar, que no quieren ampliar. Y hacen bien: tiene su dimensión. Ya lleva veinticinco años. Qué barbaridad. El tiempo pasa muy rápidamente.

Con Juan se habla del mundo, te atienden bien, son agradables y tienen un precio razonable. Me gusta el Adarve. Me siento cómodo.

La cocina es de muy buena calidad y, claro, con calidad y servicio se triunfa.

De los buenos sitios de Antequera, que tiene un buen ramillete.

30. LA REAL ACADEMIA DE ANTEQUERA

El edificio de los Laude, en calle Encarnación, siempre me ha impresionado. Hace unos años, no sé cuántos, estaba abierto en la feria de Antequera. Allí se había instalado un bar de una cofradía. Estuve allí dentro, en el patio, y me quedé sobrecogido y preocupado ante el estado de deterioro.

Después, la casa cerrada y, al pasar, siempre el mismo pensamiento. ¡Así se deteriora más! Hasta que termine en ruinas. ¡Qué pena! Una casa palaciega con un cargamento de historia.

Pero se ha salvado, qué alegría. ¿Y quién mejor que la Real Academia de Antequera y la estupenda colaboración del Ayuntamiento en su rehabilitación? Es un sitio, en mi opinión, ideal para la Real Academia. Ya he estado dos veces en la misma, viendo cine y alguna conferencia.

Buena cosa para Antequera la Real Academia. Le hago un seguimiento y, realmente, hay un grupo destacado de personas que trabajan intensamente para la misma, lo cual es de agradecer por todos.

He pasado por calle Barrero, donde estaba antes. Edificio nuevo pero impresionante, al menos la fachada, pero está claro que la nueva sede, en calle Encarnación, es más apropiada. Un edifico histórico, una casa señorial de primer nivel. Iré más.

Y sobre esto recuerdo que en Antequera también había en su tiempo Real Maestranza de Antequera. Había pocas: las de

Sevilla, Ronda, Antequera y alguna más. Sería bueno reverdecer la misma, ponerla de nuevo en activo. Tiene gancho y atractivo para la ciudad. Lo primero que ver es cómo sería el funcionamiento actual de la Real Maestranza. Antequera es real en todos los sentidos.

Es una alegría, un lujo, una maravilla, poder tener a pleno funcionamiento, como ahora, la Real Academia de Nobles Artes de Antequera.

31. EL CLUB DE LEONES DE ANTEQUERA

Mis relaciones con el club vienen de largo. Mi cuñado Gabriel Requena Escudero, lamentablemente, no está con nosotros. Se fue de esta vida muy joven. Fue presidente del club en Antequera. También lo ha sido mi hermana Mely, la primera mujer en España que fue presidenta. Yo he ido a alguna excursión con ellos, entre ellas un viaje fluvial por el Rin, hace ya años, donde hay una imagen grabada en mi cabeza: la lluvia torrencial, mientras el barco avanzaba, y nosotros situados en cubierta, debajo de un toldo para no empaparnos, mientras sonaba la música de Beethoven a todo volumen. Es increíble el Rin y sus afluentes y cómo se salvan las caídas de agua para hacer muchos de sus afluentes navegables.

Desde mi llegada a Antequera he ido varios martes a las reuniones que tienen. Realmente, está integrado por un grupo maravilloso de personas, todos muy amigos entre sí. Una vez al mes hay una conferencia. He estado en tres en lo que va de año. La primera, la de su presidente, señor Salvador Casaus Hazañas, que es el *alma mater* del club en Antequera. También estuve en una del alcalde, señor Barón, sobre Semana Santa, realmente brillante; y en otra del psiquiatra señor Hassan Hamad, muy conocido en Antequera, donde lleva muchos años afincado, y estupenda persona. Recientemente he estado en el homenaje del club a la señora Carmen Rivas, en el salón de plenos del

Ayuntamiento de Antequera, y en la posterior comida, en finca Eslava.

Realmente, hacen las ayudas sociales que pueden, de índole variada, nutriéndose para ello de cuotas, mercadillo y actividades diversas.

Conozco bien al estupendo equipo que forma el club, personas yo diría que maravillosas. A Trini y a mí, ahora que estamos en Antequera, nos gusta el mismo y, con el apoyo del club, tendré mi entrada en un acto previsto para mediados de junio, de lo cual estoy encantado.

32. EXPOSICIONES DE TORAL Y JESÚS ROMERO

Visité ambas, la primera con mi exvicepresidente, señor Joaquín Romero Ruiz. Quedamos encantados. Después he vuelto con más detenimiento. Habría que ver cómo conseguir que estuviese permanentemente en Antequera. También estuve en la inauguración de la exposición de pintura de Jesús Romero en las Descalzas. Sin duda, buen artista y exalcalde que mucho hizo por Antequera. De su pintura me encanta especialmente la parte que se rcfiere a cuadros costumbristas de Antequera.

A Toral lo vengo siguiendo durante muchos años. He conversado con él en Madrid, cuando fue parte del jurado del concurso de pintura infantil de Fertiberia. Cuando empezó vendía cuadros en la exposición de la caja de ahorros. Yo no tenía recursos para comprar. Un amigo mío compró dos. Hizo un buen negocio. Los ha vendido hace unos quince años. No sé por cuánto; pero, sin duda, una buena inversión.

Leo sus libros y es un pintor puntero en el panorama nacional. Le vengo haciendo el seguimiento desde hace años.

No conocía a Jesús Romero en su faceta como pintor. Me ha gustado mucho.

33. LIQUIDACIÓN POR CIERRE

«Rebajas por cierre». «Liquidación por cierre». «Se traspasa». «Se alquila». «Se vende».

Locales vacíos, locales libres, locales desolados. Calles frías de locales cerrados.

Se abren tiendas efímeras, de nuevos negocios manejados por, probablemente, fuerte ilusión y ninguna experiencia, mirando expectativas que no llegan. Tiendas y tiendas vacías. Tristeza.

Vamos a comprar a las grandes superficies, las cuales tienen hábiles políticas de fidelización, de *parking* cómodo, de repertorio amplio. Compramos por internet y vamos a Málaga a comprar y, de camino, tomar una cerveza.

Mi nuera Belén, que viene a vernos con mi hijo y mi nieto de Sevilla, me dice:

—Uno de los problemas del pequeño comercio son los horarios. Son muy malos para los que trabajamos, coinciden con las horas de trabajo. Yo tengo que ir a las grandes superficies por su horario amplio.

Cuando no se encuentra trabajo, ¿qué hacer? Pues en muchos casos ver qué tienda poner. Se alquila local, se invierte, se abre, no se vende y se cierra a los pocos meses, seguramente con un agujero en el bolsillo para los próximos años. A lo mejor, en muchos casos, al propietario del local no le llegan a pagar el alquiler. Terrible situación. En muchos casos ya se empieza con abogados. En muchos casos el personal tampoco está muy preparado para sufrir en el establecimiento que ha creado y superar los obstáculos, buscando un hueco apropiado.

Y, sí, hay tiendas de siempre, que están siempre, y otras tiendas antiguas que quitan amueblamiento antiguo y ponen otro moderno e insípido.

Veo y contemplo bloques odiosos, de fachadas inexpresivas, que han sustituido a casas clásicas con sabor. Menos mal que la sangría de destrucción se paró, quizá cuando ya se había destrozado un veinticinco por ciento, y ahora se mantienen fachadas, puertas de entrada y patios. Menos mal, menos mal.

Conozco ciudades demolidas, sustituidas por bloques funcionales de pisos, que se te sobrecoge el alma de fealdad cuando entras en las mismas.

En fin, hay que ver cómo fomentar el pequeño comercio, el «comercio social», donde se habla con el tendero, se conversa y se hacen amigos, y no ir a una gran superficie y, sin hablar con nadie, meter las cosas en un carrito cada vez más grande.

Servicio de reparto a domicilio del pequeño comercio, horario acorde con la vida actual. Los que pueden comprar trabajan. Es fundamental el horario.

Yo abogo por el pequeño comercio, pero más de una vez voy a comprar al grande. Hay que crear una plataforma para ver cómo se puede hacer retornar más intensamente a los clientes al pequeño comercio. Eso le da mucha más vida a la ciudad.

Las calles de plataforma única, sin aceras, con más accesibilidad, fomentan el comercio, está claro.

Y buscando industria. Que el Ayuntamiento tenga una concejalía «de captación de empresas industriales para Antequera». La agricultura, con la mecanización, cada vez necesita menos mano de obra y tiene más producción. Hemos de pensar que en Antequera el futuro es el turismo y la industria. Es difícil tener menos industria de la que tenemos. Esto lo ves cuando viajas a zonas de florecimiento de la misma.

Las instituciones han de crear un ambiente amigable con la industria y resolución de tramitaciones rápidas; no buscando la objeción, sino la apertura de brazos y, por consiguiente, la rapidez. No sé en Antequera, pero en otros puntos para conseguir una licencia de apertura industrial a lo mejor te pasas nueve o diez años, si es que la consigues. Demasiadas trabas, demasiada lentitud por la Administración, que causan mucha incertidumbre en el empresario.

34. LA VESPA DE RAMÓN

Martes, 13 de mayo de 2019

De noche salgo de un recital de poesías de Loli Carmona. Lo hace muy bien, con mucho énfasis. También han recitado dos personas más, una de ellas imprevista y poco. Ella se llama Carmen Aranda, de Cuevas Bajas. Lo sé porque tengo un libro suyo que compré en Papelería Aragón hace unos días.

En el recital toca el piano la señora directora de la EMMA, la Escuela de Música de Antequera. Me encanta lo que toca, sobre todo lo referente a García Lorca, y me llama de forma poderosa la atención una niña, Marta, que toca el piano con catorce años de forma impresionante. Es de Archidona.

Hablo con Marta después del concierto. Toca el piano desde los seis años. Yo pienso que será una pianista de primer nivel, si no lo es ya, una superdotada en este arte. Tiene todas las mimbres.

El acto ha sido organizado por el Club de Leones, que tan bien funciona de la mano de su presidente, señor Salvador Casaus Hazañas, que tanto esfuerzo le dedica en una labor altruista, en beneficio de la sociedad en general, y al que le dedico estas páginas.

En calle Estepa me topo con Ramón y su señora. A Ramón, ya jubilado hace años, le brillan los ojos de travieso. Así toda su vida. Entró a trabajar con mi padre siendo niño y se ha jubilado en la familia. Ramón vivía frente a mi casa. Su hermana Lolita;

su madre, Dolores. Vecinos de siempre, en un segundo piso que recuerdo, yo diría hasta con detalle.

—Ramón, ¿y mi moto? —le pregunto.

—Estupendamente. Los papeles, al día; su seguro y… Mira, aquí la tienes —me dice, enseñándome en el móvil una foto de la vespa de color azul, limpia y magnífica. Cuando se compró era de color beis.

La moto era mía, a mi nombre, y mi padre se la regaló a Ramón, pues yo manejaba un Seat 600 y dejé de usarla para ir y venir a Sevilla, de estudiante. La moto es del año 1964. Tiene 55 años.

Cuando la regaló me dolió, pero era hecho consumado, no había alternativa; así que firmé el traspaso con todo el dolor de mi corazón.

Ramón tiene otra versión. Dice que yo, voluntariamente, se la regalé. No fue así. Yo probablemente tendría también hoy la moto. Sin duda, no tan bien como la tiene Ramón.

—El 19 de marzo hay concentración de vespas en Antequera. Cada año con Vespepe. Y yo voy casi todos los años —me dice.

—La moto la cuida. No te puedes imaginar —dice su señora—. La tiene limpia y brillante como un sol y le arranca a la primera.

—Ramón. Ramón, quiero mi moto —le digo.

Ramón sonríe y nos despedimos. Yo también sonrío ante la añorada moto. Veo que ahora, en la concentración del poblado Los Llanos de Antequera, hay en las fiestas de mayo concentración de vespas. No sé si Ramón lo sabe. Lo leo de un folleto que alguien ha dejado en una mesa de un café.

Ramón, me tienes que devolver mi moto. Es mía. Tanto tiempo no ha pasado.

35. RECUERDOS DE TIENDAS EN LOS PASEOS

La calle donde vivo, calle Merecillas, ha sufrido un cambio drástico a mejor con las actuaciones habidas en la misma.

Mi nuera Belén me lo dijo: lo que han hecho en Merecillas es construir una calle de plataforma única. En definitiva, una calle sin aceras. ¡Qué alegría! ¡Qué invento!

Hace años estuve en las ruinas de Pompeya. Allí en su día las aceras eran muy altas, sencillamente para que los carros tirados por caballos no se salieran de la calle. Tenía el ancho la calle de las ruedas de un carro y todos los ejes de los carros con la misma medida.

Ya no hay carros. Los coches han de circular a poca velocidad y bordillos altos y traidores como los que había en calle Merecillas eran de espectáculo circense. La plataforma única le ha dado un giro de 180 grados. La calle parece otra. Y nada del horrible e indeseado asfalto que aún se ve en algunas calles. Calle plana, cómoda y, sin duda, una revitalización para el comercio. Lo mismo que los toldos de calle Cantareros.

Al callejear por Antequera me vienen continuamente recuerdos, aunque ya muchos se han perdido a lo largo de los años.

El buen amigo Jacinto Palomino tiene la tienda eterna en Merecillas, pero ya en otro punto. Cuando estaba en la esquina con calle Laguna era la tienda un monumento histórico: un mobiliario precioso, antiguo, de los que no se ven, de hace muchos años. Lamentablemente, se perdió. Lo echo de menos.

Echo de menos muchas cosas en los paseos en calle Merecillas. La Adriana (esquina con Estudillo) era una tienda de referencia, única, con embutidos que quitaban el sentido y siempre limpia y reluciente. ¿Cómo olvidarse de La Peña, esquina con Toronjo? Tienda muy amplia, de largo mostrador y con cambios a lo largo del tiempo. Todo un clásico.

En la calle Tercia, un clásico: Berrocal, una tienda de comestibles con mucha calidad, donde había de todo. Bueno, qué voy a decir de calle Estepa con La Mallorquina, una confitería de primera donde, además, podías tomarte una cerveza en el interior.

O Confitería La Gloria, en la esquina con Tercia. Junto a la misma, en calle Estepa, la vieja imprenta donde se confeccionaba *El Sol de Antequera*. ¿Y cómo olvidarse del Plata Bar y del Dunia, así como de Cafetería-Hotel Vergara? Tomar café en el Plata era un rito; podías aprovechar para que un limpiabotas te dejara los zapatos como los chorros del oro. Tomar café allí, como digo, era un rito: un lugar de tertulia, de reunión, un bar bien servido. Era del señor Juan Antonio Pérez Martín, si la memoria no me falla. A uno de sus hijos lo he visto algunas veces en Granada.

En la calle Estepa, esquina con Carreteros, La Castellana, una tienda de *delicatessen* de primera línea. Hoy hay en calle Carreteros otra La Castellana, pero diferente al sabor de la antigua, de los hermanos Gómez Sanz; grande, reluciente, amplia y todo más que bien ordenado.

En calle Estepa, Bazar Mejías. En su momento, toda una revolución en el terreno de la juguetería en Antequera. Al no haber tiendas, Bazar Mejías era el no va más en juguetes para los Reyes, donde había todo lo imaginable. El paraíso para los niños.

En calle Estepa, Almacenes Los Madrileños, toda una tienda de confecciones con solera; y La Costa Azul, Herrera-Phillips, Sombrerería Cabrera. Hubo un tiempo que la calle Estepa perdió todo, se convirtió todo en sucursales bancarias, perdió la vida. Ahora, con las fusiones bancarias, van quedando cada vez menos oficinas y empieza a haber variedad de nuevo en el comercio.

En la calle Estepa, Maqueda era un clásico de muchos años.

En la calle Lucena eran famosos Calzados El Cañón (zapatos a cañonazos) y Calzados Garach, de mucho prestigio.

En la calle Cantareros me acuerdo de una tienda: Daniel Bermúdez.

¿Cómo olvidarme de Pura P. Valle como sala de bodas y confitería? Fue allí donde celebramos mi boda, en calle Duranes.

Casa Jerónimo eran unos billares y futbolines en calle Comedias. Después puso una piscina para hombres en la Bajada del Río, donde ya había de tiempo antes una piscina para mujeres en otro punto.

Muchas imágenes se me han borrado del disco duro orgánico de la memoria. No puedo olvidar la casa palaciega de don Ramón Casaus, dueño del cortijo Las Herrizas, en la esquina de Encarnación con Calzada. Hoy es un bloque de pisos. Lamentable la pérdida de aquella casa.

En la Calzada había una fábrica de harina y panadería de Francisco Zurita. Su hermano, don Agustín Zurita Chacón, abogado, tenía su despacho y vivía en calle Comedias. Por aquellos entonces un personaje. Estamos hablando de cuando yo era un crío.

En La Mallorquina trabajaba el señor Gómez Serrano, en la tienda que Bernardo González Morales tenía en la Calzada. Gómez Serrano padre era muy amigo del mío; me acuerdo de que venía a ver a mi padre cuando ya se estaban acabando irremisiblemente sus días, en calle Merecillas, en la habitación donde yo ahora duermo. Después, con el tiempo, Gómez Serrano y sus hijos montaron un imperio económico para alegría de todos los antequeranos, que debemos estar muy orgullosos de ello. En La Mallorquina fue la boda de mi hermana Mely con mi recordado Gabriel Requena Escudero, fallecido a temprana edad.

Muchas veces sale a colación una tienda de impacto, una tienda grande que vendía comestibles «por un tubo»: la del señor Antonio Romero Romero, el Polaco, en calle Juan Casco. Había colas de gente comprando.

En calle Cantareros, esquina con Lucena, había otra fábrica, una tahona. El dueño era muy amigo de mi padre.

No había carretera de circunvalación; los camiones y coches pasaban por las calles del centro, con no pocos atascos, pero paraban y descansaban y hacían gasto en bares y restaurantes. La carretera de circunvalación supuso dejar a Antequera mustia, casi de funeral, triste y sin tráfico. Después, con los años, se ha recuperado a otra dimensión. En su momento fue un buen leñazo para el comercio local, muy singular y muy importante.

Ha habido etapas lánguidas en Antequera. Ahora hay, está claro, un resurgir con el turismo. En fin, creo que la modalidad de apartamentos turísticos y pisos turísticos hace que, además del turismo tradicional, venga otro nuevo. Y las autovías nos acercan mucho a Málaga, por ejemplo, con el importante contingente de la Costa del Sol, cada día más importante. Hace muchos años se iba a comprar a Granada; ir a Málaga era todo un riesgo con la dichosa Cuesta de la Reina y los Seat 600 en la cuneta porque no tenían potencia para subir la misma y se calentaban.

Así las ciudades van evolucionando. En los años 60 la mecanización agrícola supuso un terrible paro. El sesenta por ciento de la población laboral se dedicaba a la agricultura y muchas personas tuvieron que emigrar, no había otra alternativa. Ya antes habíamos sufrido el cierre de las fábricas de mantas, habíamos pasado la Primera Guerra Mundial, con sus carestías, y la tremenda y desgarradora Guerra Civil. Después de muchos años de desconcierto e incertidumbres, ahora entra Antequera en una época más dorada. Por lo menos es lo que soñamos todos.

Las tiendas de los 60, en muchos casos, sustituidas por las grandes superficies, las compras por internet y las compras en El Corte Inglés de Málaga. Todo evoluciona y hemos de ver cómo reconducir el comercio local de Antequera para que sea un foco comercial regional importante.

IDEAS Y SUGERENCIAS PARA LA MEJORA DE ANTEQUERA

A modo de ejercicio, a medida que han venido las ideas, sin otro orden de prelación que este, he anotado las mismas. Muchas serán desechables y algunas podrán tener interés. No pretendo en absoluto decir lo que hay que hacer. Solo he reseñado mis reflexiones y pensamientos por si pudiesen tener algún interés.

La sabiduría (como decía Gabriel García Márquez) nos llega tarde, cuando no sirve para nada por ser viejos.

Lo que pienso es cómo he venido actuando en la empresa y consiste en varios pasos: lo primero es disponer de una relación completa, no importa su extensión, de temas pendientes. Lo que viene a continuación puede ser un inicio o base de lo que se seleccione.

La segunda parte del ejercicio es una evaluación económica, a mano alzada, de cada partida que integra la relación y la totalización de todo el conjunto. En definitiva, saber dónde queremos ir, teniendo unos objetivos claros.

La tercera es un calendario de puesta en práctica de las mismas en varios años, de aquellas que se puedan acometer.

1. CUBRIR LA PLAZA DE TOROS. Es un magnífico foro, que de esta forma tendría un buen aprovechamiento para espectáculos públicos de gran capacidad, de lo que Antequera carece. Es un tema importante hacer mucho más uso de esta

magnífica instalación, lo cual se consigue cubriendo el techo, quizá plegable, para que se tengan las dos opciones: cubierto y descubierto. Está en un sitio ideal y el aprovechamiento sería muy destacable. Por ejemplo, con techo transparente. La tecnología hoy ofrece soluciones variadas e ingeniosas. Dentro se pueden hacer muchos espectáculos de gran número de espectadores. Esto puesto lo primero puede echar para atrás. Pedir presupuesto y tenerlo evaluado es un ejercicio interesante.

2. NO CONSTRUIR EN EL SITIO DEL ACTUAL CUARTEL DE LA GUARDIA CIVIL. En su lugar dejarlo de ampliación de la plaza actual colindante, de modo que la misma quede grande para eventos diversos y como paseo. Necesita Antequera más plazas y desahogos y no hacer viviendas en ese espacio. Esto quizá a estas alturas no sea posible por estar en ejecución otros planes, pero lo reseño por si pudiesen cambiarse. Ya se han hecho muchas aberraciones constructivas (por ejemplo, los bloques en el antiguo Maulí) y hemos de tener parques y plazas para una ciudad moderna.

3. RELACIÓN DE CASAS PARÁSITAS DE LA CIUDAD. Sería bueno, como principio, tener una relación de las mismas, su dirección, sus propietarios y una valoración actualizada no solo de casas que convendría derribar, que tapan la muralla, sino también de otras que tapan iglesias y con ello minusvaloran nuestro patrimonio. En su día se hicieron porque se ahorraba en su construcción, aprovechando paredes de monumentos. Sin duda, un error que conviene ahora resolver. Lo primero es tenerlo evaluado económicamente y definidas

las casas. Estamos hablando de valorar, ver y analizar. Lo de ejecutar es ya otro tema, que no debemos plantearnos ahora.

4. QUITAR LA CASA QUE ROMPE LA CONTINUI-DAD DE LA CALLE EN LA ZONA DEL CASTILLO. Justo debajo del precioso mirador desde donde se contempla toda la ciudad, situado delante del Arco de los Gigantes, hay una calle que va por encima y paralela a la calle Río. A un lado de la calle está la muralla y este paseo, muy bonito, se ve cortado porque hay una casa construida que lo interrumpe. Si se quitara quedaría un paseo estupendo. Cada vez que me asomo al mirador, lo que hago con frecuencia, es lo que pienso de inmediato: el fenomenal paseo que quedaría quitando la casa que impide la continuidad de la calle. Y me duele el alma al ver una calle partida por una casa vieja en medio.

5. VALORAR EL IMPORTE DE LA COMPRA Y DE-RRIBO DEL BLOQUE HORROROSO EN LA PLAZA DE LA IGLESIA DEL CARMEN. Sí, me refiero al bloque de pisos en la plaza del Carmen, a la derecha, antes de la entrada a la iglesia. Es un bloque que me acuerdo de cuando se construyó, estimo que hace sesenta o 65 años. Afea la plaza una barbaridad. Es una bofetada óptica en una zona monumental. Hemos de procurar, en mi opinión, que la nueva casa tenga la fachada de blanco. Estamos en Andalucía, es nuestro color, es belleza. No tantos colores crema y marrones. Defendamos lo nuestro.

6. RECONSTRUIR LOS PAÑOS DE MURALLA QUE FALTAN. Sí, esto es importante, devolver a Antequera las

murallas tal como estaban en la época de la Conquista. Ya les falta menos. Es necesario un impulso para terminarlas. Desde el punto de vista turístico es importante; cada día tenemos más turistas. La zona de la Bajada al Río quedaría de impresión. Se ha hecho mucho, pero esto quedó pendiente. Es un atractivo turístico importante, que hemos de explotar como fuente de riqueza, y es una alegría patrimonial. El curso que viene voy a dar una conferencia en el Club de Leones sobre la conquista de Antequera y estoy estudiando lo mejor que puedo la Antequera de aquellos tiempos.

7. COMPRAR LAS RUINAS DE SINGILIA BARBA, VALLAR Y HACERLAS VISITABLES. Hay un patrimonio cultural inmenso de propiedad privada. Por su valor histórico, debe ser de la Administración del Estado; cercado, cuidado y puesto en valor cuando se pueda para ser visitado. Estos patrimonios históricos han de ser de propiedad pública y debidamente mantenidos. Me da miedo que, por unas cosas u otras, se pueda perder. Esto ha de ser de la Administración.

8. MUSEO TEXTIL. A aquella zona del Henchidero conviene hacerle algo más. Más contenido para recibir más visitas. Otra alternativa es trasladar el Museo Textil a otro punto de Antequera, más céntrico, porque allí no es visitado. O bien a la zona monumental del castillo. Lo lógico es que se quedara donde está, reconstruyendo la muralla limítrofe con el río, poniendo en valor algún molino harinero árabe. Aquella zona antigua podría formar parte importante del turismo, con acceso bien arreglado

por el río de la Villa desde la carretera del Torcal. Darle más vida a la barriada de San Juan vía turismo.

9. ABRIR LA IGLESIA DE MADRE DE DIOS. Es una barbaridad que esté cerrada. Sé que las monjas, por lo que se oye, se fueron de la noche a la mañana. Es un edificio imponente. He leído, supongo que será así, que Antequera es la ciudad con más iglesias de España, cosa que convendría que figurara en los folletos y que fuesen visitables en su totalidad. Este apelativo de ciudad con más iglesias de España habría que promocionarlo.

10. REUTILIZAR EL CONVENTO DE MADRE DE DIOS. En fin, allí está, cerrado. Podrían ubicarse en él oficinas de servicios del Ayuntamiento o algún museo. Por ejemplo, una sucursal del Museo del Prado con algunos de los muchos cuadros que, por lo visto, tienen almacenados y no expuestos por falta de sitio. En esto conviene copiar a Málaga. Además, somos de dicha provincia, por lo que entiendo que posiblemente lo tendremos más fácil.

11. DAR VISIBILIDAD AL EXTERIOR DE LA IGLE-SIA DE SAN JUAN DE DIOS. La inmensa mole está tapada por las calles que la circundan: calle Estepa, calle Cantareros. Estudiar la factibilidad de un plan por el cual la misma quede menos embutida en construcciones y se pueda disfrutar en parte el exterior, utilizando, por ejemplo, parte del propio convento como plaza.

12. CORTIJO LAS MEZQUITAS. Adquirir dicho monumento (me refiero solo a la mezquita, no a la finca) y tratar de ponerlo en valor y recuperarlo para el patrimonio de la ciudad. Es la mezquita más antigua de España, situada en el término municipal de Antequera y abandonada. En fin, esto no debe ser. Hay que revertir dicha situación. Las obras sociales de las entidades bancarias y de algunas otras empresas habría que ver de llevarlas a este terreno. Es publicidad también para ellas, para que lo sea de forma permanente.

13. MUSEO DEL TREN. Intentar promoverlo ante Renfe y establecer un plan de revitalización de Bobadilla-Estación desde el punto de vista turístico y gastronómico, viendo de instalar un Museo del Tren que pueda desarrollarse y suponga un hito a nivel nacional, dotando al museo de espacio suficiente. No entiendo bien que Antequera tenga tres estaciones de tren y no una grande. No entiendo bien lo del anillo, del que dudo que diese muchos puestos de trabajo (menos mal que fue descartado), ni lo del aeropuerto, ya olvidado, que rompería su magnífica vega. Antequera es agrícola; industrial en su polígono, poco utilizado, y turística. Vamos a desarrollar lo que tenemos, que es mucho. O lo que tenemos muy cerca.

14. RESTAURANTE EN LA ERMITA DE LA CRUZ. Darle contenido; por ejemplo, una sala de audiovisuales de la ciudad, donde el turista pueda descansar un rato viendo películas de Antequera, comer algo y comprar productos típicos. No podemos dejar el sitio abandonado. Lógicamente, por el nuevo

acceso, que lo he visto desde arriba pero no he ido por él, todo hay que decirlo. Pero iré.

15. ACELERAR LA APERTURA AL PÚBLICO DE LA RUINAS ROMANAS DE LA ESTACIÓN. Conviene saber el cronograma y la fecha prevista para que puedan ser visitadas con las mejoras ya aprobadas que he leído que tienen. ¿Lo podré ver yo antes de pasar a otra vida? ¿Por qué todo va tan lento?

Por lo visto, en el término de Antequera hay numerosas haciendas romanas, me parece recordar que sesenta. Pues es una cifra que me impresionó. No sé si exagerada, supongo que sí. De todas formas, sería bueno tener un facsímil sobre el tema y las ubicaciones de las que haya, a la vez que cerrar las mismas con una valla, a ser posible.

16. MUSEO DE ARTES Y COSTUMBRES POPULARES DE LA CIUDAD. El ejemplo de Málaga lo tenemos cercano y es notablemente exitoso. La Costa del Sol está creciendo de forma importante. Antequera es un lugar lógico y cercano para el turismo de la Costa del Sol. Tener más museos es un atractivo importante. Es también una forma de sacar provecho de edificios que tenemos.

17. EL AMBULATORIO ANTIGUO DE LA SEGURIDAD SOCIAL EN EL CAMPILLO. Es un edificio sin uso alguno. Habría que ver cómo recuperarlo y que pueda ser utilizado, establecer una lista de ideas para su uso. Entiendo que su recuperación no debe esperar. Un edificio cerrado finalmente queda ruinoso. El uso es una forma de mantenimiento. Hay

que buscar un sitio, en mi opinión de la Administración, para Proyecto Hombre y que dicha asociación no tenga que estar de alquiler con lo que ello perjudica a su presupuesto. En fin, no sé si esperamos la ruina del edificio. Hemos de acelerar trámites.

18. ANTIGUO HOSPITAL DE SAN JUAN DE DIOS: QUITAR OFICINAS DEL AYUNTAMIENTO Y DEJARLO COMO MUSEO EN SU TOTALIDAD. Es un edificio imponente, con un patio de columnas impresionante. Conviene que sea visitado por el turista. Es decir, un museo. Es lo suyo en un edificio de esas características. Y con el patio cubierto como parte integrante del museo.

19. HACER UN PLAN DE ESTRUCTURAS PARA RECIBIR TRES VECES MÁS TURISTAS QUE AHORA. Ejemplo: si ahora son cien, hacer un plan para que fuesen trescientos. Es normal que cada día tengamos más turismo y hay que pensar qué infraestructuras son necesarias para un aumento considerable del mismo, tener definidas las mismas. Es decir, tener un plan a largo plazo, pensarlas y tenerlas previstas ahora y no ir después, tardíamente, a buscar soluciones malas y costosas.

20. LA TARASCA Y EL CORPUS. Que el día del Corpus sea fiesta en Antequera, ciudad religiosa como Toledo, Granada o Sevilla; y que salga la tarasca. Por lo visto, tenemos una que es la más importante de España, que he leído que está en Santa María.

El Corpus es una fiesta grande y debe ser en jueves.

21. CORTIJO EL ROMERAL. ¿Qué es de él? Lo lógico sería un hotel emblemático, un restaurante y poner en valor el paseo en barca. Es un edificio con historia. Me acuerdo de paseos por el lago artificial que tiene, en una barca metálica, y de su estupenda zona ajardinada, con merenderos y sitios con encanto. ¿Qué es de él? Está protegido de demolición.

22. CONCEJAL DE CAPTACIÓN DE EMPRESAS IN-DUSTRIALES. Lo considero importante para que se relacione con empresas en España, o incluso del extranjero, y vea de captar clientes-empresas para Antequera. Es la forma más práctica, en mi opinión, para el desarrollo industrial y, por consiguiente, para la disminución del paro. Es una acción directa y efectiva en la lucha contra el paro. Estoy seguro, al venir de estar siempre en empresas privadas, de que esto podría tener éxito. Lógicamente, con personal adecuado, motivado y preparado para ese fin. El Ayuntamiento lo considero como una empresa. Y en ella una función es captar clientes que den riqueza al personal que tenemos en la empresa, que es excedente.

23. HACER VISITABLE LA PLANTA DE ENVASADO DE DCOOP. No todo es visita a temas históricos, sino también modernos, industriales, como el envasado automatizado, con carretillas que se desplazan sin conductor. Merece la pena que esté dentro de los circuitos turísticos; es impresionante. La industria como atractivo turístico tiene mucha importancia en algunos puntos concretos de la geografía nacional. Es lógico que Dcoop esté muy integrada en actos de Antequera.

24. PARQUES PÚBLICOS DE *PARKING* CON LANZADERA. Tener *parking* público en cada uno de los accesos a la entrada de la ciudad (es decir, Puerta de Granada, entrada de Córdoba y de Sevilla), con lanzaderas de pequeños microautobuses que recorran el centro y que permitan la entrada de más turistas y de más compradores del pequeño comercio. Tener esto previsto, señalado y reservado en planos.

25. PLAN DE PROTECCIÓN Y FOMENTO DEL PEQUEÑO COMERCIO. Las grandes superficies no tienen ganada la guerra, sí una batalla actual. El pequeño comercio, el comercio personal y no despersonalizado, debe fomentarse, situando Antequera como modelo de este tipo y estableciendo medidas con ACIA y como empresarios aparte para diseñar un plan a largo plazo de fomento del comercio antequerano: lo que necesita el mismo y saber cómo conseguirlo, buscando medidas efectivas. No sé, yo creo que las tomadas hasta ahora han sido bastante poco eficaces. Hay que buscar opciones más ambiciosas. Sí creo que se han hecho cosas, pero que no han funcionado. Hay que ver de diseñar un plan conjunto Ayuntamiento-pequeño comercio. Hemos de hacer que tantos locales vacíos se abran en buena cantidad y se active el comercio.

26. PLANIFICAR CUÁL PUEDE SER EL FUTURO LÓGICO DEL PALACIO DE CONVENCIONES. A lo mejor hay que olvidarse de él para el fin previsto inicialmente y que sea una empresa la que lo utilice industrialmente, vendiendo a la misma la instalación. O como *parking* con lanzadera. En fin, al menos definir en principio su futuro. Pero dejándolo olvidado, aislado, no solucionamos nada. Que se active si es una idea interesante.

Solo como sitio de exposición, sin infraestructura al lado, un tanto alejado, no veo claro su futuro para el fin que se diseñó. Y antes de que el edificio, por no usarlo, se estropee aún más, hay que diseñar su futuro, en qué se va a utilizar, pero no tener ahí un «muerto» de futuro más que incierto. Porque creo que quizá el problema de fondo es que no se sabe qué hacer con él. Y es lo primero que hay que definir.

27. ANTEQUERA DE DULCE. Plan para que las fábricas de mantecados produzcan todo el año, bien mantecados o alternativas a los mismos como dulces, galletas, etc., con vista a la exportación y al mercado nacional. Aquí Estepa avanzó enormemente y nosotros, no me lo explico, nos quedamos parados en una industria potente, donde tenemos un buen *know how* y experiencia.

28. DULCES CONVENTUALES. Estudiar cómo se puede potenciar la producción, creando una sociedad conjunta para comercializar dulces de los conventos de Antequera de iniciativa privada. Ello puede servir también, evidentemente, para que los conventos tengan más personal, no terminen todos abandonados y tengan sus ingresos propios. Ver cómo se articula.

29. LIBRERÍA ANTEQUERANA S. L. Una tienda donde se puedan comprar libros y vídeos relacionados con Antequera. No hay nada, está todo agotado. O un negocio donde puedan participar las librerías actuales. En definitiva, un sitio para que

todo lo que haya de Antequera en libros se pueda adquirir, bien directamente o por internet.

30. ABRIR COMO MUSEO LA POSADA DE LA CUESTA ZAPATEROS. Es una posada emblemática, antigua. Convendría actualizarla, ponerla en valor, siguiendo el modelo de su tiempo, como museo o como restaurante.

31. MUSEO TORAL. Independiente y definitivo. Ver si es posible, por ejemplo, en el mismo antiguo hospital de San Juan de Dios. Da la sensación de que es una asignatura siempre pendiente y no sé qué ocurre con el tema, pues da la sensación externa de que todos quieren (pintor, instituciones, etc.), pero no se hace. Los ingresos del mismo pueden ayudar a su mantenimiento. ¿Qué ocurre?

32. PALACIO DE CALLE LUCENA. Es impresionante el mismo, de los señores Blázquez. Ver de explotarlo turísticamente como restaurante y centro turístico o como hotel. Es un edificio soberbio, magnífico. Debe ser puesto en valor turístico.

33. ITINERARIOS DE TURISMO. Tener los mismos en diferentes idiomas y una aplicación (*app*) con su recorrido y lo que se puede ver en dicho recorrido. También en libros para poder visitar Antequera no en tres horas, sino para dedicar varios días sin entrar en una maratón agotadora. Antequera requiere una semana.

34. POTENCIAR TURÍSTICAMENTE EL MIRADOR DEL *PARKING* CENTRO Y VER SI CABE EN ANTEQUERA ALGÚN OTRO SIMILAR. Incluso ver si se puede elevar con estructura metálica un poco más. Ya como está es un sitio para potenciar turísticamente.

35. FOLLETO DE RUTA DE LOS MIRADORES. Y su señalización. Son muy diversos los miradores de Antequera. Y que hubiese una tarifa de circuito en taxi, con «taxista guía». En el Cine Torcal poder visualizar vídeos de Antequera todos los días (por la mañana, por ejemplo) para que los turistas descansen un rato, los vean y además los compren.

36. TAXI TURÍSTICO. Tarifas de taxi cerradas, turísticas, con tiempos de espera y tiempo total. Ver si se pueden tener taxistas con nivel de inglés. Tarifas divulgadas en carteles.

37. SUBIDA A LA ALCAZABA. Estudiar, simplemente estudiar, si cabe o si es posible un teleférico y métodos alternativos para subir al castillo de forma más fácil. Es cosa de proponerlo a empresas privadas especializas en ello para que hagan un estudio y exploten la concesión, como creo que se hace en otros sitios. No debemos decir que es imposible; para ello están los dictámenes técnicos, en muchos casos sorprendentes. Hay que buscar una forma muy cómoda de subir a la alcazaba. Los turistas actuales terminan muy cansados.

38. IGLESIA DE LA ENCARNACIÓN. Tenerla abierta, en el sentido de comunicada con San Sebastián, de forma amplia.

En fin, que no esté cerrada. Las iglesias han de tener su horario y abrirse todos los días. Quizá una asociación de jubilados podría encargarse de su custodia. Hay muchos jubilados con ganas de colaborar en la vida social antequerana. Los jubilados no estamos muertos y la mayoría queremos hacer cosas.

39. CONVENTO DE LA ENCARNACIÓN. Ver la opción, si es posible, del Hotel Convento de la Encarnación. Es una pena que el convento esté cerrado. Por lo menos creo que ocurre esto; yo la sensación que tengo es que está cerrado. Si estuviese operativo, pues ver de ponerlo visitable al turismo: «Viaje al interior de un convento».

40. HOTEL CONVENTO DE SANTA EUFEMIA. Ver si es posible esta opción y, en primera instancia, ofrecerlo a los hoteleros actuales. O como museo. Hoy día, con las modernas alarmas y con la digitalización, los gastos de mantenimiento anual de los museos se reducen y pueden verse compensados con los ingresos de entradas y de patrocinios. No podemos tener nuestros tesoros sin mostrar. Hemos de atraer clientes, que es atraer riqueza y combatir el paro. Yo, cuando veo que se van a crear por un partido político tantos miles de puestos de trabajo, me pregunto: «Que me digan cómo y en qué sectores, qué tipos de industrias o actividades».

41. ITINERARIOS DE COFRADÍAS. Muy bien que haya un recorrido oficial de las mismas en calle Estepa, pero, salvo este, los recorridos deben cambiar: pasar cofradías por calle Merecillas, por Las Peñuelas, por la calle Alta; poner las mismas

para que las barriadas se vean favorecidas por ello y más visitadas. Más actividad en barriadas, visitas del centro a las barriadas.

42. MUSEO DE LA LEGIÓN. No lo conozco, pero quizá sea bueno que estuviese en el mismo recinto de San Sebastián, en el convento de la Encarnación o en un punto más céntrico y visitable y con horarios. Y pedir a la Legión que colabore. La Legión y la Semana Santa. Hay que potenciar «la Legión y Antequera» y acuerdos a largo plazo.

43. *VELÁ* DE SAN ISIDRO EN CALLE LA VEGA. Y enseres de cobre colgados en las fachadas, como se hacía antiguamente. Recuperar esta tradición, rota desde que se demolió la iglesia. Y estos temas que los desarrolle una asociación de vecinos u otras asociaciones locales.

44. INTERVENCIÓN PÚBLICA EN CUANTO A I. G. P. DEL MOLLLETE ANTEQUERANO. Obtener la I. G. P. es un tema importante y por parte de la Administración se debe intervenir para tratar de llegar a un acuerdo con los no partidarios. Si entre los mismos no es posible llegar a un acuerdo, pues el tema no andará y quedará bloqueado para próximas generaciones. Y, en definitiva, «el porvenir es para el que sabe adelantarse».

45. ESTUDIAR CÓMO REACTIVAR LA REAL MAESTRANZA DE ANTEQUERA Y SUS FUNCIONES. La hubo en Antequera, pero no veo nada escrito de ella. Sería lo primero que ver: sacar a relucir lo que hubo, un texto o trabajo

que realizara la Real Academia, y ver si se puede poner de nuevo a funcionar por su atractivo para la ciudad. Es un tema importante. En Sevilla y Ronda, que yo sepa, creo que la propiedad de la plaza de toros es de la Real Maestranza. Bueno, algo hay que ver para revitalizar dicha institución señorial y prestigiosa.

46. WEB EVENTOS ANTEQUERA. Bueno, esto creo que es importante, que todos los eventos de Antequera se encuentren en una web continuamente actualizada. Hay actos, muchos, de los que nos enteramos a toro pasado. Para que a los actos haya asistencia, lo primero es que lo sepan los visitantes y para ello una web en este sentido es importante. Sinceramente, esto lo veo fundamental. Dentro, por ejemplo, de la Concejalía de Turismo. Si la hubiese, que no lo sé.

47. WEB TURISMO ANTEQUERA. ¿Qué ver en Antequera? Que se señalen diferentes rutas, su descripción y el tiempo de duración. Con mucha información. Quizá que la haga *El Sol* y pagando dicho servicio. En fin, es cuestión de enfoque.

48. OFICINA DE TURISMO DE ANTEQUERA EN MÁLAGA CENTRO. Dependiente de la concejalía correspondiente de Antequera. O bien situada como un departamento dentro de las oficinas de turismo de Málaga y con personal antequerano. En definitiva, tener un fin concreto: buscar y hacer clientes turísticos de la Costa del Sol para Antequera. No solo labor de información en la oficina, sino de gestiones de captación de clientes en la Costa del Sol.

49. MOLINO ÁRABE EN VISITA TURÍSTICA. Por ejemplo, Molino Dorado. Esto tiene su atractivo y habría que tener uno debidamente preparado. El Molino Dorado tiene, creo yo, esas características.

50. MUSEO ÁRABE DE ANTEQUERA. Hemos de atraer el turismo del mismo, importante en la Costa del Sol y un reconocimiento a la cultura árabe que tuvimos durante siete siglos en Antequera

51. PONER PLACA ARRANCADA EN LA PLACITA DE FERMÍN REQUENA. De ello hago un apartado en *Callejeando por Antequera*. En su momento, algunos vándalos la quitaron. Conviene restituirla y tener un acto a tales efectos y unas conferencias sobre la obra de Fermín Requena Díaz. Creo que hay por ahí una biografía que hizo un profesor en Écija y que no se ha editado. Y reeditar sus libros. Si no todos, al menos en parte.

52. ÁNFORAS ROMANAS EN EL MUSEO DE DCOOP. En el Museo del Aceite, ver si se puede hacer un acuerdo entre la Administración y Dcoop y que la Administración aporte materiales para exponer en el mismo y darle más importancia. No sé cómo se llama a los acuerdos de la Administración con empresas. Los de Administración con la Iglesia, a nivel nacional, son los concordatos.

53. LA CATA DE ACEITE EN EL MUSEO DE DCOOP. Sería parte de la visita al museo. Lógicamente, que no durase más de treinta minutos.

54. MUSEO DE SEMANA SANTA DE LA AGRUPACIÓN DE COFRADÍAS. Debido a la importancia de la misma, un museo independiente del actual, específico para las cofradías.

55. VISITA TURÍSTICA A FÁBRICAS DE MANTECADOS (EN CAMPAÑA). Estaría bien. Ya en Barbate se visita una fábrica de conservas de atún. Las visitas a industrias tienen éxito, son muy formativas y para los industriales son buenas, pues hacen *marketing* y ventas.

56. REAL FÁBRICA DE MANTAS Y BAYETAS. Es posible tener una en funcionamiento. ¿Se puede reverdecer esta actividad como artesanía local, como producto turístico?

57. LAS CONFERENCIAS DEL CLUB DE LEONES, EN LA REAL ACADEMIA. Y ampliamente comunicadas para entrada libre. O bien en otro local de más aforo.

58. SALÓN DE ACTOS DE LA REAL ACADEMIA. El que conozco es pequeño, no va con el empaque de la Real Academia. No sé qué proyectos hay en referencia a ello. Y el Cine Torcal no es un salón de conferencias, es otra cosa. Hace falta una sala de conferencias amplia.

59. ¿ESTÁ LA FERIA UBICADA EN LUGAR APRO-PIADO? A mí, personalmente, el lugar de la feria de noche me parece un desacierto desde que se inició. Es como si la feria de Sevilla la quitaran del barrio de los Remedios y se pusiera a varios kilómetros. Seguro que perdería muchísimo. Las ferias tienen que estar integradas en la ciudad o en la periferia, exactamente donde termine la ciudad. Creo que la feria dispersa que tenemos no es lo adecuado. Habría que estudiar bien el tema o cómo desplazarse. De todas formas, un lío. En fin, no veo claro lo de la feria de noche por el sitio. Quizá esté en un error. ¿Es este el sitio más adecuado para el futuro? ¿Por qué no diseñamos la feria del futuro? Aparte de Agrogant, Sabor a Málaga y otra, que podría ser la «Feria de los Pueblos de la Zona», con un *stand* de cada pueblo cercano.

60. VISITA AL CEMENTERIO DE LA IGLESIA DE LA TRINIDAD Y DE BELÉN. Por su valor histórico y turístico, que estuviese visitable. Cobrando su entrada, obviamente. Los museos necesitan financiarse.

61. TENER LOCALIZADAS NESCANIA, ILURO Y LA CERCANA MEZQUITA ÁRABE DEL CERRO. Sí, leo que cerca de Antequera estaban, aparte de Singilia Barba, otras ciudades romanas, tales como Iluro y Nescania. También que muy cerca a la población había otra mezquita árabe, fuera de la Medina Antikaria. Pero ¿dónde? Convendría saberlo, tener las ruinas valladas y debidamente conocidas.

62. TELEFÉRICO DEL TORCAL. El Torcal bien merece una «mesa del Torcal» para ver cómo se puede mejorar turísticamente, preservando el mismo y aumentando la afluencia, haciendo más cómoda la visita. Y ver la subida a la peña de los Enamorados.

Estuve hace años en Colorado Springs, en Estados Unidos, con mi hermana Mely, Trini y mi hija Eva. Hicimos varias actividades turísticas y vimos cómo con poco potencial turístico, con un puente de hace 150 años, han creado una estructura turística a su alrededor con *parkings* amplísimos, *souvenirs*, espectáculos de luces, teleférico paralelo al puente, tren de cremallera para bajar al río… En fin, un *show* alucinante que hace que parezca una feria, con gran número de visitantes.

63. SUBIDA AL TEJADO DE SAN SEBASTIÁN. En ascensor de quita y pon, que no dañe el patrimonio, visita a los tejados de una iglesia; bien la de Santa María, por ejemplo, o San Sebastián. Ver cuál se presta más a ello. No sé, quizá San Sebastián, por estar céntrica, sea mejor. Es un tema novedoso. Necesitamos crear emociones.

64. CONCURSO DE PATIOS ANTEQUERANOS EN MAYO. Tenemos patios en Antequera que todo el año están de concurso. Es bueno este concurso para abrir puertas. Podrían verse patrocinadores de premios. En calle Belén hay un patio espectacular, cuidado por un jubilado. Es una maravilla.

65. CONCURSO DE PORRA ANTEQUERANA, DEFINIR UBICACIÓN. Y que se permita, en otra parte del concurso, la utilización de enseres modernos como túrmix y similares; que

haya dos versiones. En un local amplio y accesible (no al sol) y con grada para que el público pueda sentarse. Tiene que haber espacio y sitio para espectadores. ¿La plaza de toros cubierta?

Ver cómo se puede envasar y vender la porra antequerana, al igual que hoy se comercializan los gazpachos; que la Escuela El Henchidero haga un plan de I+D de la porra antequerana y su comercialización en envases.

66. PROMOCIÓN DE LA FABRICACIÓN DE GAZPA-CHO ANTEQUERANO. Que una industria, ya sea local o buscando empresarios de otro sitio, fabrique y comercialice el «auténtico gazpacho antequerano».

67. PROMOCIÓN DEL DULCE BIENMESABE AN-TEQUERANO. A nivel nacional e internacional, de acuerdo con productores locales.

68. AUMENTO DE LA PROMOCIÓN DE LA FERIA AGROALIMENTARIA SABOR ANDALUZ O PRODUC-TOS ANDALUCES. En fin, no sé, las ferias locales o comarcales me parece que es imposibles su continuidad. Por lo que veo por ahí, cuando se pretende tener de todo, no se tiene de nada. Ya las monográficas es otra cuestión. Está bien lo del Certamen de Cabra y lo de Sabor a Málaga. Quizá una tercera vía es la Feria de los Pueblos, donde cada pueblo cercano ponga en un *stand* lo que ofrece a los visitantes.

69. FUNCIONAMIENTO DE LA PARTE SUPERIOR DEL CINE TORCAL. Esto, por lo que oigo, está planificado y

es necesario. Solo con la parte baja se queda pequeño. No creo que deba de ser caro.

70. FECHA DE APERTURA DEL MUSEO ARQUEO-LÓGICO. Sería bueno dar una fecha concreta. Se llevan ya tantos años que parece que es una utopía. Y conviene que los antequeranos sepamos qué requisitos exactos hemos de cumplir para el tema de Patrimonio de la Humanidad y qué hemos de corregir.

71. DÍA DEL MOLLETE. Quizá dentro de la misma feria, en el centro, con desayuno del mollete. O fijar un «día del mollete antequerano» durante la feria.

74. LISTA DE ANTEQUERANOS MOCHANOS. Antequerano mochano se me indicó que es el primogénito de la tercera generación, que sea hijo del primogénito de la segunda generación, el cual a su vez es hijo del primogénito de la primera generación. Y de Antequera, obviamente. Sería bueno saber quiénes son en la actualidad y darles el premio de la «mochanería». Como estamos en una época diferente, establecer lo mismo para antequeranas mochanas.

75. FOLLETO CON RELACIÓN DE MUSEOS VISITABLES Y HORARIOS. Entre ellos Madre Carmen, la Legión, Socorro, Santa Eufemia, Taurino, Costumbres-San Benito, Dcoop, Textil, MAD, Nájera, Descalzas, Museo de Belenes, Museo Berrocal (Algaida).

76. ASOCIACIÓN DE GUÍAS JUBILADOS ALTRUISTAS. Veo turistas despistados, sin rumbo, que se vuelven locos

andando. Si hubiese un punto de concentración de guías (jubilados y otros voluntarios) podría servir para acompañar a los turistas de forma gratuita. Y sus oficinas, para que se concierten los mismos. Aquí un problema es el idioma con los extranjeros.

78. *APP* DE AUDIOGUÍAS POR MÓVIL. Para diferentes rutas turísticas. En Antequera a lo mejor el total puede ser de catorce o quince rutas, incluyendo el Torcal.

79. PONER EN FUNCIONAMIENTO LAS FUENTES. Por supuesto, valorar el coste, pero es lo lógico, sobre todo en fiestas o en días de afluencia turística. Y tener en funcionamiento la de entrada a la ciudad, cerca del paseo Real, o la fuente de la plaza de Belén. Esto da atractivo, da vida. Serían fuentes con recirculación de agua.

80. CALLES CON PLATAFORMA ÚNICA. Tal como se ha puesto como ejemplo, calle Merecillas es una delicia. Habría que ver cómo eliminar las aceras lo más pronto posible. Sería impresionante que calle Cantareros pasase a ser de plataforma única. En la calle Estepa sé que está prevista una mejora sustancial. El tema de aceras es ya antiguo, de la época de Pompeya y el paso de carros por las calles.

★★★

Doy por conclusa esta relación. No tengo más sugerencias en la memoria, al menos que me acuerde.

EPÍLOGO

Solamente he pretendido fijar algunas ideas del retorno, donde se agolpan una serie de pensamientos de choque y de nostalgias. Después de tantos años fuera, volver a Antequera es para Trini y para mí un paso muy importante en nuestras vidas, ya con recorrido corto.

Salimos de Antequera porque había que buscarse la vida, pero siempre he tenido claro que lo que yo hubiese preferido, y así se lo dije a mi padre en su momento, era seguir en Antequera. Y no me ha ido nada mal fuera. En todos los aspectos muy bien.

La belleza de Antequera es impresionante a pesar de los muchos desmanes inmobiliarios que se han efectuado en el pasado, porque eran otros tiempos y no había una sensibilidad social más acentuada sobre el patrimonio artístico y sobre el arte; no solo sobre el religioso, que sí se conserva más o menos, sino sobre el arte industrial y el arte de costumbres tradicionales.

Una lista de «temas pendientes» es un buen ejercicio para efectuar, pues lo que leo siempre son tópicos al respecto, ya conocidos o que van cambiando con el tiempo, que eclipsan todo lo demás, diremos de mucho menos entidad. Yo en ello aporto mi grano de arena por si para algo pueda valer, de alguna forma, trasladando en algo lo aprendido en mi trayectoria profesional en empresas privadas.

En Antequera muchas casas señoriales, o al menos tradicionales, han sufrido su demolición y han sido sustituidas por edificios funcionales, comoditos y practiquitos, con fachadas donde lo funcional ha prevalecido sobre lo artístico, dando lugar a bloques de pisos de fachadas aberrantes, impersonales, horripilantes, como en la inmensa geografía española. Menos mal que a ello se puso coto en Antequera y ya lo que se hace es con una serie de reglas para conservar el patrimonio y la belleza de la ciudad y, si cabe, mejorarla

A modo de ejemplo, el bloque que hay en la esquina de Cantareros con Toronjo, donde vivía un amigo, el señor Salvador Muñoz Álvarez, afincado en Jaén desde hace muchos años. Pues bien, en esa casa bonita hoy hay una mole de pisos con fachada anodina, impersonal, impropia, que genera un impacto negativo tremendo, en sustitución de una casa tradicional con su aportación estética. Además, la planta primera ocupa la acera. Sí, es verdad que protege al viandante de la lluvia cuando va por la acera, pero estrecha la calle y se limita la entrada de sol.

Me acuerdo mucho de la casa del señor Ramón Casaus, en la esquina de Encarnación con Calzada, y cada vez que paso y veo el bloque sustitutivo de pisos me llevo las manos a la cabeza y mi corazón sangra.

Lo del antiguo instituto, para mí una pena que haya desaparecido aquel estupendo palacio. El instituto debían haberlo puesto en otro lado. Aunque hay quien dice que el edificio actual tiene mucho mérito, yo no se lo veo. El antiguo, el palacio, era una gozada.

Del patrimonio industrial creo que no queda nada. Nunca se ha valorado, o muy poco hasta el momento, el patrimonio industrial en ningún sitio de la España nuestra. Y buena hora es para intentar hacerlo. He visto (no en Antequera) cómo fábricas antiguas maravillosas, como la de S. A. Cros, en San Juan de

Aznalfarache, de finales del XIX, caen bajo la picota y se deja la parcela a cota cero para después hacer un polígono industrial. Fábricas de verdaderos monumentos a la tecnología histórica quedan en manos de chatarreros. Fábricas con mucha historia desaparecen totalmente.

Otras cosas, y buenas, se han hecho en estos últimos años y se está avanzando mucho.

Callejeando por Antequera he empezado a caminar. En mi ánimo está no parar y seguir callejeando y callejeando y viendo todos los rincones de Antequera y procurando grabarlos en la retina. Se hace algo de deporte y se recrean la vista y el alma. Callejeando por Antequera se aprende, se siente, se habla, se vive.

La belleza no es funcionalidad. La belleza es la forma de hacer vibrar los sentimientos sumergidos del alma. Callejeando por Antequera la quieres más.

FIN

Sobre el autor

José Luis Sánchez-Garrido y Reyes estudió Perito Agrícola, obteniendo el número uno de su promoción. Siempre ha trabajado en el sector de los fertilizantes, donde es un referente tanto a nivel nacional como en otros países. Comenzó su andadura profesional en Amoniaco Español, S. A. Ha sido durante veinte años Jefe de la División de Abonos Líquidos y Productos Especiales en Cros, S. A. y en Fesa-Enfersa (actual Fertiberia), llegando a ser gerente de Herogra Fertilizantes.

Con este son ya ocho los libros que ha publicado; de hecho, en 2008 se convirtió en Medalla de Oro del Sindicato Nacional de Escritores Españoles. Un año antes el Ayuntamiento de Antequera le concedió El Efebo, mientras que en 2011 fue obsequiado por el Ayuntamiento de Albolote con un diploma de Reconocimiento Institucional.